游子梦 两岸情

YOUZI MENG LIANG'AN QING

郭平坦◎著

中国文史出版社
CHINA CULTURAL AND HISTORICAL PRESS

郭平坦（2015年）

辑三　对台政策的思索与实践

辑一

耄耋述往

为了建设强大祖国而奋斗

——在日本从事爱国学生运动（1951—1956年）

一、民族恨、家庭仇，寻找出路

我1933年出生于台南市工商家庭。深深铭刻在我幼小心灵上的是在日本殖民统治下台湾人受歧视和侮辱。1941年我家搬到日本神户。记得还在日本上小学的时候，我和几个台湾孩子都想干些事来反抗日本，但无奈不知怎么做。日本投降，台湾终于回归中国，我们兴高采烈。但那时的国民党当局腐败无能，日本人仍然看不起中国人。战后我父母回台湾做生意，我们留在日本继续上学，时不时听到从大陆到台湾的国民党欺压台湾同胞的传闻。我母亲1949年春来日本时说，台湾人都等着迎接解放军登陆台湾，收拾国民党。后因朝鲜战争，国民党当局不仅占据了台湾，而且在岛内推行"白色恐怖"。1950年5月我二姐夫郑海树被捕后被枪杀，后来知道他是中共台南市委书记。他的遗物被带到日本，我看到他亲笔写的"相信自有后来人"时，热血沸腾，心想：我一定给你报仇。

二、接受爱国主义影响，向往新中国

我1950年考上日本早稻田大学法学院，来到东京，1951年搬进台湾学生宿舍"清华寮"。大多数寮生是战前从台湾来的留学生，几乎都反对国民党，没有一个"台独"分子。我是小老弟。寮生先辈带我去参加"五一"劳动节百万人大游行。我们中国留日学生抬着毛主席像，唱着国际歌，呼喊着"反对日本军国主义复活""反对美帝国主义"的口号。我扛着五星红旗走在中国留日学生队伍前面。我很兴奋。后来先辈们又带我去苏联大使馆观看《鲜花盛开的乌克兰》等电影；也给我看不少书，如《西行漫记》《新民主主义运动史》《钢铁是怎样炼成的》，等等。这些使我逐渐了解社会主义是正义、公正、平等、幸福的等道理。尤其看到庄嘉农写的《愤怒的台湾》，彻底了解了"二二八"事变的真相和国民党当局欺压和屠杀台湾人的残酷事实。1952年日本进步人士冲破日本政府封锁，陆续去新中国访问，那年起又有4万多日侨从中国回到日本。他们在日本介绍了充满新思想、新作风、新气象的新中国和中国人民意气风发地投入建设的情况。我当时任清华寮自治会委员，就邀请这些学者、日侨与寮生座谈，从他们亲身经历里了解新中国。我们被中国翻天覆地的变化深深吸引，与国民党当局的腐败镇压对比，我们自然倾向新中国。1953年抗美援朝战争停火，新中国打败了强大的美国，我感到新中国能够强大起来，帝国主义不敢再欺侮我们，也会打倒国民党，解放台湾。这么一想，心里热乎乎的，我向往新中国。

三、了解新中国，走上爱国道路

1952年5月，我被推荐当中国留日同学总会（简称同学会）执行委员。那时同学会处于最困难时期。留学生无论来自大陆还是台湾，如不表示忠于蒋介石就不能得到奖学金，许多人宁可打工也不去要。国民党当局还拼凑伪同学会干扰破坏我们的工作。日本当局不仅封锁新中国的消息，动不动以"参加游行骚乱"为由，派武装警察包围搜查留学生宿舍，我住的清华寮两次被搜查，他们翻乱我的房间，抓走一名学生，后因证据不足释放。1952年9月新中国政府给同学会寄来救济金，让留学生安心上学，贫困华侨学生也能上大学。同学会以及各留学生宿舍又活跃起来。我们开展学习了解新中国的活动：除了请日本学者、日侨座谈以外，还举办大型报告会、读书会，以"第一个五年计划"为题进行学习并写论文。我写的论文被评为最佳作品。为了活跃生活，同学会组织春游，学唱歌，办舞会、运动会等活动。每当唱起"五星红旗迎风飘扬……祖国从今走向繁荣富强"，我们这些海外赤子都备受鼓舞。

新中国一成立，就陆续有大学毕业的同学会先辈们个别地、不公开地乘坐外国货轮回祖国大陆参加建设。1953年有一批大学毕业生要回国，还有二战中被征的不少台湾劳工不愿回国民党占据、生活困难的台湾，也想回到新中国。靠个别人回国已不能解决问题。此时运载日侨的"兴安丸"已从日本到中国好几个来回。留学生、台湾劳工要求乘坐"兴安丸"回国。经东京华侨总会和同学会与国内联系，祖国政府想尽办法，迫使日本政府同意我们旅日留学生和台湾劳工乘坐"兴安丸"。但1953年5月日本政府竟说台湾当局不同意留学生，尤其是台湾劳工乘船去大陆，并以安全不能保证为由拒绝我们乘船。于是我们在6月8日召开归国人员大会，举行游行，我们同学会干部当然是带头去，到外务省静坐抗议，后被日本警察一个一个拉出来。此事成了第二天日本各报纸头条新闻，引起日本社会的同情和支持。加之祖国政府的谴责，日本政府不得不表示，回国是人道问题不是政治问题，同意我们乘船回国。1953年6月27日，第一批旅日归国人员乘船抵达天津。直到1957年，共11批4000多人（其中三分之二是台胞，占当时旅日华侨人口的十分之一）乘船回国参加建设。我们同学会帮助归国人员整理搬运行李，并送到乘船地——舞鹤港。

为护送华侨留学生乘船回国，我们向日本政府要了"乘船代表"名额。第一批有东京华侨总会副会长陈焜旺、同学总会主席韩庆愈等三名。这样旅日华侨留学生与祖国有了直接的联系。1953年11月，我有幸以同学总会副主席兼东京同学会主席身份成为了第三批乘船代表，到北京中南海怀仁堂参加新中国成立后的第一次侨务扩大会议。我目睹祖国朝气蓬勃的新气象，尤其被工作人员无私奉献、为人民服务的精神所感动，确信只有中国共产党才能使祖国强盛起来，台湾才能得解放。这一感受，决定了我日后的生涯。

四、在同学会中加强爱国团结工作

我上大学时积极参加日本进步学生运动，反对日本重新武装走军国主义道路。1952年我担任过早稻田大学法学部学生自治会副委员长，多次组织参加集会游行，1953年起逐渐转到同学会，1954年11月我被选为同学总会主席。此时形势已发展，新中国的国际威望提高，日本政府不敢轻易迫害我们；又由于爱国华侨留学生队伍更坚强，国民党当局对我们亦无可奈何。这种情况下国内要求我们同学会重新考虑工作方针。经研究，我们提出"学习、团结、友好"的方针。首先，我们是学生，学好专业准备为祖国服务；其次，加强爱国团结；最后，不干预日本内政。同学会明确表示，不再干预日本内政，也动员参加日本进步活动的留学生、华侨学生转到同学会来，并鼓励督促同学们加强专业学习。我虽在同学会工作上花费一些时间，但文科比较好，考试前突击复习效果佳，所以大学毕业时大多数功课成绩均为优秀，且考上了早稻田大学国际法研究生。

1954年新中国与日本的交流交往频繁起来，同学会开始承担访日代表团的翻译、接待、保卫工作。1954年10月李德全为团长、廖承志为顾问的中国红十字会代表团，即新中国第一个访日团，受到全日本和侨胞们的热烈欢迎。代表团特意来到同学会看望留学生们，廖主任勉励同学们："身体好、学习好，毕业后为祖国工作好！"接着1955年4月，中国贸易代表团来访；10月在东京、大阪举办中国商品展览会。鉴于日本右翼和国民党特务可能的破坏和袭击，除了日本警察外，日本共产党组织日本青年、东京华侨总会和同学会组织华侨青年学生各20多人，组成两支保卫队日夜巡逻。我是华侨队副队长。有一位学生发现了在草丛中隐藏的好几桶汽油，防范了意外的发生。

1956年，以梅兰芳为团长的中国京剧团访日，团中还有著名演员袁世海、李少春等，在东京歌舞伎座的演出轰动全日本。此时我成了该团的翻译兼贴身保卫，每天在场内一边欣赏梅兰芳先生的《贵妃醉酒》《霸王别姬》等精彩演出，一边警惕巡逻。果然在东京演出的最后一场，有几个日本右翼分子在场内边喊反动口号，边散发传单。我抓住一个右翼分子刚举手要打，日本警察就把他拉走放了。

祖国建设的发展，需要更多人才回国。1956年周总理做了"关于知识分子问题"的报告。1956年2月我接到廖承志主任亲笔信，要求同学会动员所有在日本的知识分子回国参加建设。我们把动员知识分子回国作为同学会的首要任务，调查编册，组织动员，大搞宣传，逐渐掀起知识分子回国的热潮。不少同学表示："祖国需要我们，坚决响应回国。"一些误入伪同学会的人亦打消顾虑要回国。时任同学会主席的我带头回国，实际上我早就考虑回国。虽然父母要我回台湾继承纺织家业，但我已上国民党黑名单，不愿也不可能回台湾；学业上因指导教授"反共"，理念上不合，拿学位不现实；我不愿当商人，于是决定于1956年回国。

回国前我在同学会做最后一项工作，即举办同学总会成立十周年纪念大会，借机争取广大华侨青年，扩大爱国团结队伍。因中日未建交，没有新的留学生来，原有的留学生基本上变成华侨学生。我是以华侨学生身份第一个当同学总会主席的。所以中国留日同学总会的名称已有些名不副实。当时只有东京华侨总会及横滨、大阪、神户、京都等华侨联谊会公开表明爱国。大多华侨社团顾及日本政府及国民党"使领馆"不敢表明爱国。我们通过各地同学会来做他们的工作。1956年5月来自日本23个地区18个团体的120多人，及东京、横滨的华侨、学生共800多人参加纪念大会，盛况空前。我作为同学总会主席致辞："同学会成立以来，始终给留日学生指明爱国的正确方针……今天虽然会员成了华侨子弟，但我们依然继承这种革命精神。我们所有的旅日华侨青年团结起来，为拥护祖国而奋斗，以此纪念同学会成立十周年。"第二天代表们一致决定成立"旅日华侨青年联谊会"（简称"华青联"），18个团体成为团体会员，没有组织的地区以个人名义加入，同学总会承担具体事务。当晚举办了联欢会，有扭秧歌和武术表演等。最后全体高唱《团结就是力量》，庆贺旅日华侨青年联谊会的成立。之后各华侨青年团体公开表明爱国立场，各地纷纷举办联欢节（1956年至1968年共举办10届），每次上百人，最多有400多人参加。"华青联"的骨干成为爱国侨团的骨干，今天各地华侨总会的侨领几乎都是由他们担任。我完成了成立华侨青年联谊会的工作后，于1956年8月告别同学会和华侨总会的同学和战友，偕妻儿回到祖国。

在京五十年

——一段充满意义的工作和生活

我于1933年出生于台南市工商家庭，8岁时全家到日本。在日本度过了小学、中学、大学、研究生共17年的学生生活，参加爱国学生活动，当上中国留日同学总会主席。其间1953年有机会到北京开会参观，看到新中国朝气勃勃的新气象，下决心回国服务。1956年我举办了同学总会成立十周年纪念大会后，响应周恩来总理"海外知识分子回国参加建设"的号召，偕妻子回到祖国，被分配到北京。在北京已近50年，度过了充满意义的工作和生活。

台湾同胞在祖国，其命运与国家的发展变化息息相关，我的50年亦根据国家的变迁，可分为五个阶段。

一、20世纪50年代是火热的年代，是得到培养和磨炼的时期（1956—1962）

一开始我在北京的中央机关从事研究日本的工作。领导和周围的同志都是经过革命战争的老干部，别看他们的学历不高，但政治思想水平和调研能力非常强，像我这样的早稻田大学研究生在他们面前，理论及经验之欠缺，算是连门都没有进入。从头学起唯物辩证法和历史唯物论，尤其毛泽东论调查研究的文章。对资本主义社会和政治的分析，他们手把手地教我。当然有时我因受资产阶级意识形态的影响深，一时转不过弯来，也会挨一顿批。事后他们边道歉，边解释这是"恨铁不成钢"。还要进行"思想改造"，说得通俗点就是怎样适应新中国的社会。当时新中国成立不久，中国共产党士气旺盛，全心全意为人民服务，"见荣誉就让，见困难就上"。这种共产党人的高贵品德，给我留下很深印象，潜移默化地使我接受和改造自己。如果说，后来我能够为祖国做出些工作，就是在这个时期打下的基础。

当时我感受最深的是"一视同仁"、人人平等。小时候尝过民族歧视和污辱，国民党又欺压台湾人，所以我回国的目的，一是建设强大祖国，不再受帝国主义的侵略；二是打倒国民党，解放台湾。所以在北京，人们把我当作同胞一视同仁，没有歧视，亦没有特殊照顾，真心感到这就是我的祖国、自己的国家。

20世纪50年代是火热的年代，工作紧张，心情舒畅，生活愉快。星期天带孩子们到北海划船，在天坛公园奔跑。虽然物质生活方面与日本差距较大，但凭着年轻和一颗火热的爱国心很快适应过来了。

但是"反右"之风亦刮到我身边。1962年我突然被告知，调往青岛，但仍然在一个系统工作。这意味着我并不是不符合从事此工作的要求和条件。事后得知，当时中央机关不留以下几种人：有海外关系、台湾关系，出身"不好"，等等。我可能是不符合这种"标准"而被派下去。于是我们一家人离开北京到了青岛。

二、在狂风大浪中得到锻炼，认定和相信党的路线正确（1963—1975）

换个环境是好事。青岛三面环海，风景如画，气候宜人，物质丰富，生活舒适。我工作上因有在北京磨炼的基础，得心应手，年年被评为先进工作者、标兵、模范等。

但好景不长，1966年"文革"开始。我一时难以理解，只感到不对头。幸好我个人历史清白，埋头工作，因此没人来整。"文革"前我年年受表扬、嘉奖，只是不能入党。"文革"期间才知道这是因为有领导人认为：出身不好的人不能入党。当时我感到不对。周总理说过：出身不由己，道路可选择。我为了建设强大祖国，离开富庶的家庭，怀着一颗火热的爱国心回到祖国。此时我联想起那些人唯恐天下不乱，豁然开朗：周总理的想法代表着党的正确路线。我相信党。这么想，就不再去苦恼。

1973年，在周总理力促下，党中央决定让邓小平复出，并代表患病的周总理主持中央的日常工作。1973年9月，我正式被党组织吸纳，加入中国共产党。我感到中国共产党具有强大的生命力，从而更加相信中国共产党。

三、在邓小平改革开放路线下，得到重用的时期（1975—1983）

随着邓小平的复出，党的正确政策都恢复和发扬起来，也给了我新的政治生命。"海外关系""台湾关系"变成了"好关系"。我们这些人变成开拓海外工作、对台湾工作有利的人。1972年中日恢复邦交谈判时，我被借调到外交部工作三个多月。1973年中日渔业协定谈判期间，我又到农林部帮忙半年，之后经常到北京参加外事活动。终于，在1975年我被正式调回北京的中央机关，先到中国旅行总社任亚非处副处长，1978年12月被任命为中华人民共和国驻大阪总领事馆领事。不久，我爱人亦被委任为领事助理，双双从事外交工作。

这时候，党已经恢复了20世纪50年代的正确干部政策。党不仅充分信任我，而且放手让我去做华侨和台胞的工作。因为我在神户长大，精通日语，又熟悉环境，凡是神户、大阪的老台胞都是我父亲的老朋友，中年台胞都是我在同学会时期的"老战友"，我的到任很受欢迎。我们经常深入台胞家庭，出席侨界的各项活动，亦常给侨团介绍国内形势的发展，增强他们对祖国的信心和爱国之情。

当外交官体会最深的是，能够感受到我国拥有的崇高威望和尊严。大阪、神户地区的外交使团定期举行酒会、参观活动。我们与美、苏、英、法、德等国家的外交官平起平坐，受到应有的尊重。这时我的英语便用上了。尤其是大阪、神户等地政府以及日本各社团邀请我们参加招待会，邀请我们做报告时，我就以中华人民共和国代表的身份受到日本人毕恭毕敬的尊重，这与过去所受的歧视有天壤之别。我从心里想，只有祖国强大了，我才有今天的尊严和荣誉，因此为有强盛的祖国而感到十分自豪。

接待台胞是领事的重要工作之一。我赴任不久，1979年1月1日全国人大常委会发表《告台湾同胞书》，欢迎台胞到大陆探亲、访友。这个公告得到因两岸隔绝而亲人不能团聚的台湾同胞的热烈拥护。没有几天就有位来自岛内的台胞要求回大陆老家。此人顺利地回到家乡后，陆续有回家的台胞，而且越来越多。有的开始冒险到日本后去大陆，又从大陆到日本，然后返回台湾。台湾当局严禁台湾居民到大陆，但这些小老百姓回大陆见自己的妻儿，有什么罪，判什么刑？都不了了之。开始是探亲，后来是地道的台湾人到大陆旅游，再是中小企业主到大陆寻找商机。就这样，台胞经过日本、香港、东南亚地区回到大陆，再从大陆经过第三地返回台湾，成了不可阻挡的洪流。台湾当局不得已于1987年11月部分开放两岸往来。可以说，两岸开放并不是蒋经国开的"恩"，而是在中国共产党正确政策的引导下，两岸人民开拓出来的。人民的力量才是解决两岸关系的根本。我是这一历史的见证人，又是参与者。因此，我在脑海中牢牢地树立了"人民，只有人民，才是创造历史的动力"这一真理，而且在之后的工作中努力去贯彻执行。

四、和平统一提到日程，在全国台联奋力工作的时期（1984—1994）

我于1983年在驻大阪总领事馆的任期期满回国，1984年转到成立不久的全国台联工作。当时继《告台湾同胞书》后，1981年有"叶九条"，1983年6月邓小平提出"一国两制"，两岸的和平统一已提到议事日程。全国台联就是这种背景下应运而生的在大陆的台湾同胞的民间联谊组织，不仅团结大陆台胞，而且广泛联系海外台胞。我于1985年被选为专职副会长时，全国台联已在林丽韫会长，彭腾云、郑坚副会长领导下，在落实台胞政策上做了大量有成效的工作，而且初步开展了海外台胞工作。因我经历过涉外、调研工作，在台联着重承担联络工作。除了在国内接待来自各国的台胞，时常到海外开展工作。当时海外台胞既反对国民党，又对大陆不了解，普遍的是倾向"自己来"，乃至同情和支持"台独"。因为我们与他们一样都是土生土长的台湾人，受过日本殖民统治，又仇恨国民党，谈起来共同语言多。我们介绍自己的亲身经历及大陆改革开放的变化，他们都能相信我们的话。他们应邀到大陆参观后，很快消除疑虑，摆脱"台独"影响，不少人转为拥护祖国统一。

比较艰难的是与"台独"分子打交道。我们往往在美国台胞家里聚餐座谈，有时有十几个人，有时有二十几个人。如有个别人死硬挺"台独"，必然要辩论，看谁讲理，有说服力，这就要看我们的能力和本事。记得1986年我和复旦大学郑励志教授出访美国，突然受邀出席纽约台湾同乡会举办的"台湾前途研讨会"。"台独"代表是彭明敏、陈唐山、张旭成、谢聪敏等头面人物。依他们看来，我们是来自大陆的小人物，想要利用这个公开的"擂台"让我们出丑。听众有300多人。我们入理入情地介绍祖国大陆对台胞的善意和关怀，甚至介绍对美丽岛事件"被告"的关心，据理批驳和揭露"台独"的谬论。我们的发言引起听众的阵阵鼓掌和喝彩。可以说，我们从理论上、气势上压倒了"台独"。会后美国"台湾人公共协会会长"陈唐山懊悔地说："没有想到此会成了大陆宣传统战的场地。"此会的经过被美国中文媒体全文详细报道，反响很大，还传到日本、台湾岛内。

1987年11月台湾当局被迫部分开放台胞到大陆后，全国台联作为民间团体接待岛内各界人士，并且为大陆各界穿针引线，不断拓展两岸的交流交往。例如，中央电视台春节联欢晚会上，由台联推选费翔演出，他是登上春晚的第一位台胞歌星，一炮走红，反响很大。接着潘安邦、苏芮、潘佩蕾等年年来访上台。当红的文章要来时，台湾当局阻止。这引起台湾媒体的强烈批评："既然可以同场比赛，为什么不能同台演唱？"文章取得突破，两岸文艺界开始轰轰烈烈地互相往来。

全国台联较重的任务有：学术交流和政党接待工作。我们与社科院台湾研究所、台湾研究会、中国人民大学、中国法学会等每年联合举办各种学术研讨会。"两岸关系研讨会"开创以来，年年有两岸高层学者专家云集，虽然时有激烈辩论，但也有不少共识，实实在在地推动了两岸的相互理解。我们还接待国民党、新党、民进党、劳动党、青年党等政党访问团。我们对他们以礼相待。根据他们的情况，我经常带他们到人民大会堂、政协礼堂、中南海紫光阁、钓鱼台等，请国家领导或相关部门领导接见谈话，还常请他们品尝北京名菜。记得最忙时，因接待各种访问团，我在一星期内陪吃全聚德烤鸭竟有五次之多。应该说，这些工作有助于消除隔阂、增进情谊和相互理解。

本来在两岸各界人士的共同推动下，两岸形势很好，遗憾的是李登辉倒行逆施、陈水扁干扰破坏，形成两岸僵局。但祖国大陆愈来愈强盛，国际上牢牢形成"一个中国"的共识，"台独"已不可能。我相信，台湾民众会认清形势，从自己切身利益出发，最终会认可强大的祖国，在"和平统一、一国两制"基本方针指引下实现祖国的和平统一，维护台湾的稳定繁荣，与大陆人民一道，共同享受祖国强盛带来的尊严感。

五、改革开放成就愈来愈显著，安度晚年时期（1994年至今）

我于1995年退休后，一方面发挥余热做些台湾民情的调研工作，写作论文，参加民情研讨会，提出建议。有幸的是，1995年带领中央少年合唱团到台北、台中、高雄等地访问演出。这是1941年我离开台湾以后相隔50多年第一次回故乡，其间祭扫了父母之墓。1996年应台北律师公会之邀，参加全国律协团，再次回到台湾。乡愁总算解除了。

另一方面，我每年带太太到海外旅游，已到过欧洲、亚洲、北美等洲的十多个国家。每次出国旅游，我都深深感到在邓小平改革开放路线指引下，我国愈来愈强大。北京的星级宾馆、百货商店的品质已超过欧洲、东南亚，富丽堂皇。回过头来看，我国经济规模已在世界排列第五位，外汇储备居于世界第二位，钢铁产量超过一亿吨，在世界上排名第一位。

　　我正写此稿的2003年10月15日，我国载人飞船上天并安全返回地面，成为世界第三个将人类送上太空的国家。早在1964年，当我国第一颗原子弹爆炸成功时，我观看纪录片时激动得热泪滚滚而下，感到从此帝国主义再也无法欺压我们中国人了。之后，氢弹爆炸成功，卫星上天，洲际导弹、核潜艇的出现，更是显示了我国国力之强盛。每天在电视上看到世界各地动乱、打仗，而我们过着和平、稳定、繁荣、富庶的生活，深深感到当初我选择回国参加建设强大祖国的道路是正确的、光荣的。

　　在邓小平改革开放路线指引下，祖国使我夙愿以偿，我更加热爱祖国，热爱祖国的首都——北京。

2003年10月于北京

台联推动返乡之路

——纪念台联成立 30 周年

一、故乡的美好回忆，从日本不得返乡

1941年我八岁时，全家离开台湾到日本。那时我们住在台南市本町三丁目（现民权路），我天天在鲜红的凤凰树下步行到南门上小学，回程路过一所庙宇，总窜进去爬上石龟玩。故乡的回忆总那么美好。在日本，从小学二年级到大学、研究生共上17年学。其间，父母于1947年返台重开生意，我们则留在日本。1950年5月，我听说二姐夫郑海树在台南被枪杀（后知他是中共台南市委书记）。我看到他写的"相信自有后来人"遗书时，热血沸腾。此时我在东京就读于早稻田大学法学院，住进台湾学生的清华寮，加入拥护新中国的中国留日同学总会。1953年5月，我被选为总会副主席兼东京分会主席。当年11月，我有机会出席在北京中南海怀仁堂举行的侨务扩大会议。我目睹了中国共产党廉洁奉公，整个国家一片欣欣向荣的景象，深信她一定能够把中国建成强大国家，而且解放台湾。这一印记，决定了我一生选择的道路。

1954年我被选为同学总会主席。当年台湾《"中央日报"》头版点名"匪中国留日同学总会主席郭平坦"。1956年祖国积极开展建设，需要人才。侨委主任廖承志给我们一封亲笔信："你们动员所有在日本的知识分子回国参加建设。"虽然我父在台湾开办纺织厂，需要我回去，但这已不现实。我想，从新中国的发展看，国家逐渐强大，"解放台湾"不会遥远。同时我也要投入反对日本帝国主义复活的斗争。就这样，1956年8月，我带头偕妻儿回到祖国大陆。

二、从对日工作转到对台工作，差点被"绑回"台湾

回国后，我被分配到北京的中央机关从事日本问题研究。党中央决策得当、策略高明，到1972年9月，中日恢复邦交。我作为台籍干部，转行从事对台工作。1975年，我先在中国旅行社总社接待海外台胞，接着1978年被任命为我国驻日本大阪总领事馆侨务领事。我有着得天独厚的优势——神户、大阪的老台胞都是我父亲的好朋友，中年台胞是我同学会的老战友，我精通日语，熟悉地理，凡是侨界的大小事我都尽力去做，且深入家家户户，很受欢迎。

1979年1月《告台湾同胞书》发表，呼吁台胞到大陆探亲、旅游、做生意，反响强烈。没几天我接待来自岛内的浙江籍台胞，他要求回老家，与妻儿团聚。我立即照会国内，很快他的愿望实现了。接着，几位台胞又要求回大陆。但有位要求到大陆后返回台湾。当时台湾严禁台胞到大陆。我研究后发现，日本入管条令中有72小时过境免签的规定。于是我告诉他，在日本事先买好大陆返回

日本的机票和日本回台湾的机票，这两张机票的时间间隔不要超过72小时。此人果然成功地到大陆后经日本返回台湾。从此，不断有人照此办理，而且从大陆籍台胞到地道的台湾人都这样做，从探亲到旅游，后来发展到做生意。实际上，我就打开了两岸往来的渠道。类似的情况在各地都有，且愈来愈多。1987年11月台湾被迫开放台胞赴祖国大陆的探亲。这是后话。

可能因为我在大阪过于"活跃"，台湾方面想对我做些手脚。那时我母亲生活在台北（我父已故），听说我到大阪当领事，很高兴。台湾情治人员找她，要她到大阪把我带回台湾。我母因二女婿被杀之事愤恨他们，断然拒绝其无理要求。我大姐常从日本到台湾看望我母，也被要求带我回台。她理直气壮地说："他是人，不是小狗，我不可能牵他来台。"我弟在台北做服装生意，常常受干扰阻碍。这些都无济于事，所以他们似乎要"绑架"我。

情况是这样，我们常常到外边与岛内来的台胞接触交谈。因我爱人陈富美是领事随员，可与我一起活动。但因家里有事，她于1982年提前回国，于是我一人行动。1983年1月，有位年轻男子打电话找我，想见我，主动约定星期六下午4点在大阪闹市心斋桥的百货商店大丸和十合之间的小马路边见面。我答应去，但临挂电话时，突然想起一件事：一般我们约定时因互相不认识，便互告穿什么衣服、长什么样等。此人很奇怪，一概没提此事。所以我问他一句，我不认识你，你怎么认识我？对方慌忙挂断电话。我就认真思考：一是前几天有位华侨"好友"之言，如果我有危险，他会告诉我；二是前几年在东京发生金大中被韩国特务绑架的事件，我很详细地研究过其经过，对类似的情况很敏感；三是对方指定的地点、时间有问题。那是从东到西的单行道，再往西十多米就到大干线，再开车10多分钟就到大阪港口。如果有几个人开车来把我架入车内，很快开到港口，一旦上船，两三天就到台湾。我这么一想，决定不去，且向领事馆领导汇报，减少外出。之后没有任何音信，但不到一星期从国内发来紧急电报，叫我立即离职回国。一到北京，领导告诉我，台湾情治部门要绑架你，所以叫你回来。我一方面感谢领导关怀，另一方面立即报告情况：幸亏我警惕性高，幸免于难。那次电话相约可能就是为着此绑架目的。总之我已躲过似乎要发生的"浩劫"，平安回到北京了。

三、1984年我由外交岗位转到全国台联工作，被选为专职副会长

台联林丽韫会长等已经开拓了与海外台胞的交流。台胞做台胞的工作，因彼此有许多共同语言，大有成效，尤其是台胞到大陆参观、旅游，效果更好。台湾于1987年开放台胞到大陆。全国台联每年接待大批台胞，也频繁地举办学术研讨会、文化交流、夏令营等，积极推动两岸的双向交流、交往，尤其是接待了不少统派人士、"立法委员""国大代表"，以及各党派人士。经过努力，原来从台湾到大陆的单向交流，逐渐演变成了双向交流，全国台联亦组织"和平小天使"等派到岛内联欢交流。1993年台湾通过《大陆地区人民进入台湾地区许可办法》，两岸交流似乎更加活跃起来。

我在台联工作10年，于1995年退休。就在这一年，台联让我带领中央乐团少年合唱团到岛内演出。没想到，我推动两岸交往，竟然也使自己能够返台。1995年9月，全团花一天时间经香港飞抵桃园机场，受到众多朋友的热烈欢迎。我是1941年离开台湾，相隔54年才回到故乡。演出很成功，在岛内从北演到南，一路受到乡亲们的欢迎和高度评价。我抽空由弟弟和二姐陪同到淡水祭祀父母之墓。此时感慨无限。

第二年（1996年），台北律师公会邀请大陆律师代表团赴台。因我多次举办两岸法学研讨会，被特意点名邀请参加。在台北两岸律师研讨会开会期间，刚离任"法务部长"职、特批此团入台的马英九先生出席。我们偶然坐在一起交谈，我才发现马英九先生是我堂姐夫、台大法律系教授姚瑞光的学生，他们关系密切。

但是好景不长，李登辉"台独"的真面目越来越清晰，他肆意破坏两岸好不容易形成的良好关系。这也波及我。1997年台湾夏潮基金会在台北举办台湾历史研讨会，也邀请我。我写好论文，亦得到批准，准备再赴台湾。结果台湾"教育部"转给我入管局不同意我去的文件。我想，反正已返台两次、亦扫了墓，了却了乡愁，不着急，两岸一定会在两岸人民推动下实现"三通"，等着瞧吧。

20世纪90年代后期李登辉公然搞"台独"，2000年陈水扁上台更推动"台独"，两岸曾处"一触即发"的危机中。2004年时任国家主席胡锦涛提出对台工作新思维、新路线并拟定《反分裂国家法》，形势立即改变。2008年马英九上台后，两岸关系很快平稳，走上和平发展的健康道路。2008年6月两岸签署《海峡两岸关于大陆居民赴台旅游协议》，实现了"三通"。全国台联于2009年5月组织"老台胞返乡谒祖文化参访团"，成员是全国台联第一至四届的正副会长，即林丽韫、彭腾云、郑坚、郭平坦、徐兆麟等。可以说，这是大陆台胞对台工作的先锋公开赴台湾。怪不得"台独"惊呼统战高手"大摇大摆"地过来了。我们却表示，地道的台湾人堂堂正正地回乡来了。此团引起两岸的重视和一定的轰动。台湾海基会董事长江丙坤先生在圆山大饭店设宴招待我们，每到各县市均"以礼相待"，在台南参拜一所庙宇，当地人大放鞭炮迎送我们。时值清明节，在台北我又一次为父母扫墓。

两岸旅游之路打开了。从北京直飞三小时就到台湾。第二年（2010年）我专门陪爱人参加旅游团，又一次同游台湾。尽管我们已旅游了世界上的30多个国家，在日本先后居住过20多年，但还是故乡好，有感情，很亲切。

2011年初，我弟提出要在3月1日举办店庆35周年，特意邀请我们夫妇参加。我弟于20世纪60年代从日本回台湾替我继承父业，后来自己开办女装店——琼安（JOAN），现已成为台湾四大名牌之一。因我的关系，他曾受到台湾相关部门的刁难干扰，但他理解我在北京的工作，从来没有任何不满的表示。我对他很感激。

我夫妇俩还是参加了旅行团，因为探亲手续太麻烦，所以顺利地于3月1日抵达台北。晚上就出席在香格里拉饭店举办的"2011琼安开发春酒联欢晚会"。场地豪华，气氛热烈，300多位宾客坐满大厅。总经理致辞后，我弟——董事长郭光生表彰优秀员工、代理商，接着10多位年轻靓美的模特展示了当年的时尚新款。我爱人设计的唐式婚装也大受欢迎。此时，司仪宣布董事长在北京的兄长和嫂子专程来访，让我们上台。我们受到全场的热烈鼓掌。因为我在台湾电视台被曝过光，许多人还认得我。我们回到主座后，与弟弟感叹，今天过得真风光，这是30年前做梦也根本想不到的。我一方面感谢我弟弟，另一方面深深感到，在党的正确路线、政策感召下，两岸人民的力量，包括台湾同胞的努力，一定能够冲破一切干扰和破坏，推动两岸和平发展。我深信，台湾同胞一定会在和谐、温暖的中华民族大家庭里，享受应有的尊严和幸福。人间正道是沧桑。

祖国的强大使我夙愿以偿

中华人民共和国成立50年了。在中国共产党的领导下，我们建成了强大繁荣的国家，从而使包括台湾同胞在内的中国人民不再受帝国主义反动派的侵略和欺侮的夙愿实现了。回顾这50年，我心潮澎湃，感慨无限。

我于1933年出生在台湾台南市的工商家庭。1941年举家搬到日本。当时台湾同胞无论在台湾还是日本，均遭到日本帝国主义的欺压和凌辱，动不动就被骂"支那奴"，无故挨打受骂。那时虽然幼小，但萌生一个想法——台湾同胞不能总这么被欺侮。1945年8月日本投降，台湾回归祖国，我们旅日台胞无不欢欣鼓舞。但国民党统治下的中国贫穷落后，日本人仍然看不起中国人。1947年"二二八"事变消息传到日本，我便知道国民党欺压和屠杀台湾同胞。1950年，结婚不久的二姐夫郑海树被国民党枪杀。当时我产生了一个强烈的想法：台湾同胞要"自己来"。

1949年10月1日中华人民共和国成立。在日本的爱国留学生、华侨立即拥护并把10月10日双十节改为庆祝大会。以后每年10月1日举行隆重的国庆庆祝大会。

我于1950年4月考上东京的早稻田大学法律系。1951年住进台湾学生宿舍清华寮，与这些爱国台湾留学生接触，开始参与爱国进步活动。1952年访问过新中国的日本学者，尤其1953年初大批日侨返回日本后，广泛宣传新中国雄心壮志的建设和中国人民朝气勃勃的精神面貌。还传来了新中国在抗美援朝战争中打败美帝国主义侵略者的令人振奋的消息。这一切深深地吸引了我们，从而使我坚定了想法：只有把新中国建成强大的国家，才能免受帝国主义反动派的侵略和欺侮。

新中国建设需要大量人才。1953年6月起，大批旅日华侨、台胞乘坐接日侨回国的船只回到祖国。其中台胞及其家属近3000人，约占旅日台胞的十分之一。这么多台胞不回台湾而回大陆，其原因，一是愿意为新中国的建设贡献力量，这些台胞均有一技之长，其中还有不少大学毕业生；二是厌恶国民党，亦不愿回经济困难的台湾。当时我任爱国的中国留日同学总会副主席，积极参与和协助这批台胞回国，且有幸被选为第三批回国华侨的20名护送代表之一，于1953年11月到北京参加了在中南海怀仁堂召开的侨务扩大会议。这次我目睹了新中国欣欣向荣的建设，尤其被干部廉洁奉公、无私为人民服务的精神所感动，相信只有中国共产党能把祖国建成强大的国家，能够解放台湾。这一感受决定了我的人生道路。

1956年随着新中国建设的大踏步发展，周总理呼吁海外知识分子回国参加建设。时任中国留日同学总会主席的我（正读早稻田大学国际法研究生），收到政务院侨委廖承志主任的亲笔信：号召我们组织所有在日本的知识分子回国参加建设。于是我们以"祖国需要我们"为口号，动员组织知识分子回国。在这一回国高潮中，我亦偕爱人孩子于1956年8月回国。回国后，我到北京从事研究工作。最大感受是"一视同仁"，既没有歧视，亦没有特殊照顾，完全平等。这对过去长期受歧视的台湾人来说，是莫大的、光荣的"待遇"。我深深感到这个国家确确实实是自己的国家，是我的祖国。

20世纪50年代是火热的年代。我在工作中受经历革命战争的老同志的严格要求和耐心指导，忘我地工作，亦积极投入修建十三陵水库、人民大会堂等劳动。星期天带孩子们到北海公园、天坛等地游玩。工作紧张，生活愉快，心情舒畅。虽然生活上与日本相比差距较大，但凭年轻和热情克服过来。同样在"三年困难"中与全国人民同甘共苦地度过来了。在"文革"中，因平时工作认真负责，埋头苦干，所以得到同志们的信任和爱护，没有受到波及。

虽然多灾多难，祖国却不断地迈开大步前进。1964年原子弹爆炸成功；1967年氢弹空爆试验成功；1970年中国第一颗人造卫星发射成功。我国国防力量飞跃式地增强。外交上亦节节胜利。1971年恢复联合国常任理事国席位，1972年2月中美发表联合公报，9月中日建交，接着西欧各国纷纷与我国建交，全世界都来承认中华人民共和国，我国国际地位空前提高。这期间我有幸参加中日建交工作。当我看到原子弹爆炸的电影时，激动得流下热泪，感到从此帝国主义再也无法欺压我们中国人了。

我们在大陆的台湾人命运与祖国的命运紧紧地连在一起。"文革"中虽然没受冲击，但还是受到一些不公平待遇。当时我想，这不是党的政策，相信党的正确路线一定会恢复。1973年小平同志恢复了在党中央的工作，有关落实台胞的政策就出台了。我不仅被调回机关，还于1978年被任命为中华人民共和国驻日本大阪总领事馆领事。当时大陆台胞被派往国外工作的外交官、记者先后多达13人。我在总领事馆得到信任，充分发挥自己懂日语、熟悉日本情况的优势。当我以中华人民共和国代表的身份出席大阪、神户等当地政府、社团活动时，受到日本人毕恭毕敬的尊重，这与过去所受的歧视有天壤之别。我从心里感到，只有祖国强大，才有我们今天的尊严和荣誉。

1985年我到全国台联任专职副会长，与林丽韫、彭腾云、郑坚等同志一起积极开展美国、日本等地台胞的工作。因彼此有共同经历和感受，海外台胞容易接受我们。通过举办学术研讨会，夏令营、旅游参观团以及家庭访问等活动，我们与海外台胞广泛联系，逐渐使他们了解祖国，不少人转为拥护祖国。1987年海峡两岸关系有所缓和，全国台联工作更加繁重，不仅与广大台胞交往，而且与台湾的党政企教各界接触，包括国民党、新党、民进党的数十位"立委""国大代表"，其中部分人经安排与中央领导人亲切交谈。全国台联亦组织学术、教育、文艺、青少年等组团赴台交流。我相信全国台联和各级台联的工作，有助于消除隔阂、增进情谊和相互了解。本来经过两岸人民的努力，台海形势很好，遗憾的是李登辉倒行逆施，竭力破坏和平统一。目前因"两国论"造成两岸僵局。我相信，从长远看，台湾民众最终会选择强大的祖国，实现和平统一，在"一国两制"、高度自治的原则下确立稳定繁荣的台湾，共同享受强大祖国的国际威望带来的尊严。

1998年我正式退休。回顾40多年的工作，我自感所作贡献有限，党和政府却给予了许多荣誉，如第六届全国人大代表，第七、第八届全国政协委员，等等。令我高兴的是，在邓小平改革开放的路线指引下，以江泽民总书记为核心的党中央领导全国人民不断发展；到21世纪中期新中国成立100周年时，我国经济总量将接近世界最发达的美国。任何帝国主义反动派已不可能再侵略和欺压中国人民。值此国庆50周年之际，我发自内心地欢呼，我的夙愿实现了。

伟大祖国万岁，万万岁！

（原载于《台声》1999年10月刊）

辑二

追忆爱国同胞

新中国成立初期留日学生归国情况

二战后留日学生及其组织

1945年8月，第二次世界大战结束，在日本读书的中国学生有1700余人，其中大陆籍600多人，台湾省籍1000多人。1945年9月，他们分别成立了中国留日同学会与台湾学生联盟。1946年，经过两个组织负责人的协商和工作，正式合并成立了中国留日同学总会，总会设在东京，下属有北海道、盛冈、东京、横滨、京都、大阪、神户、福冈、长崎等十个各地同学会。在东京举行的同学总会成立大会有600多名留学生参加，当时估计全日本有1700余名中国学生。1946年9月1日在同学总会正式注册的留学生有1103名。他们大体上于1941年至1944年到日本留学，大陆籍的大多是由伪汪精卫政权、伪华北政权、伪满洲国、伪蒙古政权派来的公费生，少数是自费生；台湾省籍的全部是自费留学。因台湾的中学少，且日本学生优先入学，能升台湾大学的本省籍学生寥寥无几，故只好到日本先上中学，后入大学。台湾光复后部分台湾学生于1945年下半年和1946年上半年返回台湾转入台湾的大学。除来自大陆和台湾的留学生以外，还有旅日华侨的子弟，部分人亦上大学。因此，战后1700余名中国学生，除去返回台湾的、没有参加同学会的华侨子弟，在同学总会注册的留学生就是1103名。

中国留日同学总会是具有爱国主义传统的留学生自治组织。战后日本社会混乱，经济困难。留学生的团结互助和生活救济成为同学总会的首要任务。同学总会和各地同学总会首先勉励同学们端正态度，努力学习，钻研专业，将来为祖国建设作出贡献。总会每月发行机关报《中国留日学生报》进行启蒙和教育，还举办各种学习班，研究世界及国内形势，部分人学习进步书籍，台湾同学努力学习普通话。在生活救济上，同学总会与日本政府大藏省交涉获取每人每月500元的救济款，还与文部省交涉缓交学费，与农林省交涉获取粮食特别配给，还取得旧日军的毛毯、皮鞋、被服等军用物资。这些为已断绝经济来源的公费生以及难以取得汇款的自费生解决了不少问题。同学总会的威信很快提高。

在政治上，随着国内解放战争的进展，留日学生很关心国内形势的变化。同学总会通过《中国留日学生报》不断地介绍各地解放的状况及解放军纪律严明，中国共产党廉洁为人民服务的高尚形象，抨击反动腐败的国民党，积极引导留日学生认清形势，拥护共产党。1949年10月1日中华人民共和国成立，同学总会及各地同学会召开代表委员会，正式决定拥护中华人民共和国，便把10月10日的"双十节"改为庆祝中华人民共和国成立的庆祝大会。之后，同学总会不顾国民党驻日代表团的威胁和迫害，广泛团结留学生，与国民党特务学生的干扰破坏作斗争，坚持反蒋爱国立场。尤其是许多台湾同学看到国民党腐败透顶，血腥镇压台湾人民"二二八"起义，他们的反蒋立场更加坚定。因此尽管国民党驻日代表团策划特务学生成立"伪同学会",大多数同学始终团结在同学总会周围。

在华侨界中亦出现爱国的东京华侨总会。战后日本各地成立华侨总会,其中东京华侨总会由留学生出身的爱国华侨控制实权。随着国内解放形势的发展,尤其是中华人民共和国成立后,东京华侨总会确立反蒋爱国立场,团结教育广大华侨,与国民党驻日代表团及其伪华侨总会坚决斗争。同时东京华侨总会为华侨办理大量的福利工作、税务对策等,得到广大华侨的拥护。因此东京华侨总会逐渐成为全日本爱国华侨的领导核心,不仅在20世纪50年代为留学生、华侨回国做了大量工作,六七十年代在推动中日友好、开展民间贸易,甚至中日建交等方面也做了不少有益的工作。

留日学生归国情况

留日学生归国可分为三个阶段。第一阶段是1950年至1952年,留学生个别、不公开地归国;第二阶段是1953年,留学生与华侨集体归国;第三阶段是1956年,留学生等知识分子归国。

（一）第一阶段:1950年至1952年,留学生个别、不公开地回国。

中华人民共和国成立前夕,当时负责与国内联络的杨春松(曾任东京华侨总会副会长)向部分爱国留学生与华侨介绍国内形势,同时传达了中共中央领导要求动员留日学生回国参加工作的指示。具体要求文科学生原则上当时就回去,理工科则在专业毕业后回国。

1950年6月,同学总会收到中华全国学生联合会的一封信。该信代表国内正式呼吁留日学生回国参加建设。信中写道："希望你们更加努力学习、钻研学术，已结束专业学习的同学尽早回国参加建设。"该信还介绍：1949年底在北京成立了"留学生归国事务处理委员会"，办理归国留学生的接待、学习、工作等事务，全国学联亦参加该委员会。该信表示："希望你们与归国事务处理委员会直接联系，亦可通过我们联系，以便研究和解决有关问题。"事后知道，1949年12月13日政务院文化教育委员会成立了办理留学生回国事务委员会，由政府院人事局、文化教育委员会、全国学联等17个单位组成，统一领导留学生回国的各项事宜。

这些呼吁引起留学生很大的震动。因为二战期间来的留学生基本上于1950年起陆续要从大学毕业，正在考虑"出路"问题。滞留日本成为华侨，也是一种"出路"。但新中国百废待兴，需要大量人才，这一呼吁更有吸引力。因此这个呼吁不仅激发留学生把自己所学知识献给祖国的爱国主义激情，亦在留日学生中引发什么时候、怎样回国的热烈讨论。此时留日学生报刊陆续登先期回国同学的来信，他们以亲身经历勉励在日本的同学早日回国。还有一批同学直接受到教育部归国留学生招待处的归国邀请书。该邀请书写道："中华人民共和国欢迎您及其他留学生归国参加祖国的社会主义建设事业。你们入境不需要任何入境证，但如果有身份证明就更方便。此致　敬礼！"落款是中华人民共和国教育部归国留学生招待处秘书黄新名。

1950年6月起留日学生开始个别、不公开地回国。当时日本处在以美军为主的盟军占领之下，且因朝鲜战争我国与"联合国军"又是敌对状态，再加上国民党驻日代表团的监视，因此从日本回到新中国需要办理复杂的手续，只能是个别地、不公开地归国。

首先是出境手续。具体由东京华侨总会（简称东总）统一办理。个人到东京华侨总会填写出境申请书，由东总递送国民党驻日"代表团"侨务处，但侨务处无权扣留，必须送至盟军总部，由盟军总部审批。因为东总由留学生出身的爱国华侨控制实权，他们积极、负责地办理手续。留日学生出境理由只能写赴香港探亲、旅游，由香港有关旅行社担保。因为英国于1950年1月宣布承认中华人民共和国，只要到香港就可过境回到祖国。个别台籍同学填写返回台湾。只要出境理由"正当"，盟军总部一般都能批准出境。当时盟军追捕日本共产党领导人，对出境人员检查很严，防止日本共产党领导人蒙混出境。有的同学回忆，当时日方不仅严查出境卡，而且检查行李好几个小时，凡是带有红五星的书籍都要没收。

其次是物色由日本直接开往香港或开往香港但经过大连、天津、上海等港口的外国货轮。这些货轮看到中国留学生要搭船回大陆，就乱收费。一些货轮经过台湾海峡时，国民党当局会派出飞机或军舰跟踪、监视，但只要是英国等国的外籍货轮就不敢阻拦。据当时归国的同学回忆，相比之下，入境则要轻松得多。一到祖国港口，留学生只要有教育部的归国邀请书或同学总会、东京华侨总会的介绍信就可，与本人所持的大学毕业证书等对照确认身份后就送至北京的归国留学生招待处。1952年7月从神户乘英轮赴香港的蔡壬癸（后任中国红十字总会副会长）等20多人（包括家属），由香港中国旅行社接送到深圳。在边防解放军问有无入境证时，他们都没有任何入境材料。这时有一位留学生拿出周恩来总理号召海外留学生回国参加建设的通函，解放军看后欣然欢迎，允许入境。

据1950年至1952年在日本具体办理出境手续的刘永鑫（当时任东京华侨总会副会长）回忆，他经手办理了近百名留学生的出境手续。若加上未经过东总办理出境手续者，这一期间有200多名留日学生个别回国。

（二）第二阶段：1953年，留学生、华侨集体回国的高潮。

1953年新中国第一个五年计划实施，祖国建设需要更多人才。在回国的老同学来信鼓励下，滞留在日本的留学生决心回国的人数增多，亦有已毕业或即将毕业的华侨学生要求回国。当时日本经济不景气，一批有技术的台胞工人也要求回国。1953年初已累计有400多人（包括家属）要求回国。这么多人已不能采取像过去那样办理复杂手续、付昂贵旅费、转香港回国的办法。

恰好1952年12月1日，中国政府发言人赵安博向新华社记者发表谈话说，在中国的日侨4万多人要求返回日本，中国政府希望日本政府派人到北京协商。于是日方三团体——日本红十字会、日中友好协会、平和联络会即将赴北京与中国红十字会协商。东京华侨总会获悉此情况后，立即向日本外务省及三团体申请中国留学生和华侨利用到中国接日侨的船只回国。外务省及三团体答应在北京与中方商谈时，把此问题提出来取得中方的承诺。东京华侨总会向国内反映此事，希望予以支持。当时担任中方代表团团长的廖承志（政务院侨委副主任）向日方正式提出：在日本有几万名华侨、留学生，其中不少人要求回国，希望日方三团体，尤其是日本红十字会多予以帮助。1953年2月下旬中日双方达成协议，并发表共同声明：由日本政府派船到中国接日侨。日本外务省亚洲司五课向在北京的日方三团体发电报，明确表示，同意中国留学生等利用日本船只回国。1953年3月起，日本船只分别到上海、天津、秦皇岛等港口接日侨返回日本。因为当时朝鲜战争虽已停战，但尚未结束，日本政府向"联合国军"和南朝鲜交涉对这些船只予以"安全保障"，条件是赴中国的船只不带货物和乘客。这与日方向中方表明同意留学生等利用日本船只回国的承诺有矛盾，再加上1953年4月国民党当局反对留学生乘日本船回大陆，于是此事搁浅了。当时接日侨的船只已开三批，有几千名日侨返回日本。

于是东京华侨总会、同学总会联合日本各友好团体开展了一场轰轰烈烈的斗争。日本的友好团体——日中友好协会、平和联络会、妇女联合会、民主团体机关报编辑部、日本共产党、日本红十字会、旅日朝侨联合会等向日本外务省抗议，抨击其食言。刚从中国返回日本的几千名日侨也现身说法，大造舆论，说中国政府对日侨不仅生活上无微不至，而且在回国问题上提供方便，真是做到仁至义尽，日本政府却如此无理等。日本社会上掀起了声势浩大的抗议浪潮。日本参议院特别委员会不得不开会研究善后工作，特别邀请东京华侨总会副会长陈焜旺听取情况介绍。陈焜旺指出：留学生、华侨回国是生活问题，不是什么政治问题；日本外务省早已承诺，日三团体亦向中方许诺。他强调，要求回国的留学生、华侨已办理归国手续，一直在生活无着的贫困和不安中等待着，希望尽早解决乘船问题。1953年6月5日，要求归国的留学生、华侨在东京举行促进归国大会。会上大家对日本政府的出尔反尔极为气愤，大会作出决议，举行示威游行，到外务省进行抗议静坐。在傍晚的东京街头，二三百名留学生和华侨高举大幅五星红旗，高唱《义勇军进行曲》《团结就是力量》等歌曲，从一桥礼堂游行到霞关日外务省，在大门厅静坐抗议。日本派武装警察把学生和华侨拉到外务省门外。当时大批记者都来拍照录音，第二天日本各大报大量报道，内容大多是同情中国留学生和华侨的。这之前，1953年5月19日中国红十字会给日三团体发来电报称，在没有解决留学生、华侨回国的问题以前，对第四次船只来华持保留态度。在如此强大的压力下，日本政府作出决定，留学生、华侨回国是人道问题，可以乘接日侨的船只回国。

经过坚决的斗争和祖国的支持、日本友好团体的声援，留学生、华侨集体回国的斗争终于胜利了。各地华侨总会和同学会组织人员协助要求回国人员搬运行李，随同特别列车护送到出发港舞鹤港。终于，1953年6月27日，第一批留学生和华侨共551人乘"兴安丸"从舞鹤到天津，受到祖国政府和人民的热烈接待。这次斗争胜利震动了旅日华侨和留学生，要求参加集体回国的人员急速增多。8月和11月又有两批留学生和华侨回国。总计约有3000人回国。据统计，其中大学以上学历者165人（第一批36人，第二批65人，第三批64人），其中理工44人、医药33人、农业11人、经法34人、文科20人，其他23人。天津市政府专门成立接待办公室，与国务院侨委等部门共同安排，将归国人员分配到北京、天津、上海、浙江、河南等地，留学生多数被分配到专业对口的科研院校等部门工作。在此，值得一提的是，1953年三批归国人员中有67名日本高中的华侨子弟，他们或者直接到涉外部门工作，或者上大学，毕业后工作，都发挥了他们的日语专长，成为有用的人才。

1953年的集体回国高潮过后，1954年、1955年共有八批小规模的留学生和华侨集体回国，每批几十人到100多人，其中有部分留学生。

（三）第三阶段：1956年留学生等知识分子回国。

随着社会主义建设的深入发展，知识分子的重要性日益突出。1956年1月中共中央、国务院召开会议，周恩来总理做了《关于知识分子问题的报告》。周总理指出：我国知识分子无论数量上还是质量上，都不适应社会主义建设的迅速发展，要充分调动和发挥知识分子的积极性，帮助提高他们的觉悟，走与工农结合的道路。大会上发言的还有从美国回国不久的钱学森教授、科学院院长郭沫若等。郭沫若具体建议，动员留学美国、英国、日本等近一万名留学生回国。此后国务院教育文化委员会、高等教育部、华侨事务委员会等成立专门动员海外知识分子回国的办事机构，着手进行工作。

早在1955年11月20日，正在日本访问的科学院访日视察团团长郭沫若在东京的华侨欢迎大会上，向旅日中国青年学生呼吁：祖国正在进行大规模建设，需要大量人才。祖国呼吁你们，祖国需要你们，希望你们努力学习，锻炼身体，将来为祖国作出贡献。1955年12月中国京剧团访问日本时，该团秘书长孙平化（中日友好协会秘书长）亦找同学总会负责人谈话，强调动员知识分子回国的重要性。1956年2月，同学总会接到国务院侨委主任廖承志的亲笔签名信，要求同学总会动员所有知识分子回国。接着国内要求同学总会提供所有留学生、知识分子的名单，包括大学、专业、现地址、国内亲属等情况。并传递信息称：在英国、法国的留学生已回国，在美国的留学生受阻挠，在苏联的留学生正在学习，所以动员留日学生回国成为重点，要努力工作，让他们踊跃回国。

　　面对祖国要求动员留学生等知识分子回国的紧迫任务，同学总会及各地同学会做出决议，首先，把动员留学生、华侨学生等知识分子回国作为当前的主要任务，并共同调查大学已毕业的留学生、华侨学生以及已经成为华侨的知识分子等，汇编成花名册，一方面提供国内，一方面据此挨家挨户地去动员。其次，大力宣传，制造舆论，掀起一个高潮。《留日学生报》于1956年4月起每月专刊《祖国需要你们》，大幅刊登回国同学热情洋溢的呼吁信，他们在信中讲述祖国有关知识分子的政策，介绍祖国各条战线都迫切期待海外知识分子回国，多么重视他们回国工作等情况，亦具体解答部分同学的疑虑，消除他们的不安。这些报道引起旅日知识分子的强烈反响。《留日学生报》还发表社论：祖国需要我们！投身到祖国社会主义建设是我们的光荣。许多同学接到国内亲朋好友的来信，鼓励他们回国。此时"祖国需要你们"和"祖国需要我们"的呼吁和口号交织在一起，掀起一股留学生等知识分子回国的高潮。许多同学纷纷表示，决心回国，甚至已在日本落根建立事业的知识分子亦表示，我们来日本不是为了做买卖。一些人清理家产亦要回国。同学会、华侨总会举办欢送会，请即将回国的同学表决心，欢送的同学则表示不久也要回国，彼此鼓舞，相互推动。1956年6月第一批留学生、华侨学生等知识分子20多人与其他华侨一起乘接日侨的船回国。1956年共三批近1000名知识分子回国。在他们的影响下，1957年5月刚大学毕业的十几名华侨学生回国。这些知识分子都到北京高教部招待所，根据本人的专业和志愿被分配到科研、教学部门。1956年10月国庆节，中国科学院院长郭沫若召开欢迎大会，招待从各国回来的留学生。1957年春节，国务院总理周恩来在北京饭店举行隆重的欢迎大会，亲切接见并向从各国回来的500多名留学生发表重要讲话，勉励他们为祖国多作贡献。我们留日学生也参加了这些招待会，亲身体会祖国对我们的重视和关怀。

在新中国成立初期回国的留日学生等知识分子已在祖国度过了四十多年的岁月。他们尽自己的努力，发挥才干，为祖国的建设和发展作出了应有的贡献。他们看到今天祖国的国际地位空前提高，经济高速发展，稳定、繁荣、富强、团结，甚为自豪。自豪自己选择回国参加建设的抉择是正确的、光荣的。党和国家亦给予他们许多荣誉，大多留学生等知识分子被授予教授、研究员等高级职称和相应的行政待遇，还有一批同学被选为各级人大代表、政协委员等。同学们都在互相勉励和安慰，虽然现已安度晚年，但都希望看到祖国取得更大的发展、更大的成就。

（原载于《建国初期留学生归国纪事》，
中国文史出版社1999年版）

旅日华侨留学生回国50周年纪念大会情况

一

旅日华侨留学生回国50周年纪念大会于2003年9月29日在北京华侨大厦举行。与会人士有国内各地的日本归侨240人、日本侨领55人及侨联、侨办、台联、市委等部门的领导，共300余人。大会充满激情，热情洋溢。老归侨们回顾50年的历程，心潮澎湃。几十年没见面的老同学、老校友纷纷拥抱，互相祝贺为祖国奉献青春和才干，终于等到今天祖国的美好日子。各位领导满腔热情的贺词，更引发老归侨们的感慨。北京市委龙新民副书记说：大家爱国奉献的功绩，党和人民永远不会忘记。中国侨联唐闻生副主席表示：共和国的大厦浸透了你们的心血，闪烁着你们的精神。侨办许又声副主任说：你们一定会为自己当初的选择而感到骄傲和自豪。北京市侨联李昭玲主席说：日本归侨的50年是爱国奋斗的50年，光辉灿烂的50年。归侨代表、中国侨联林丽韫副主席则表达了归侨的心声，说我们响应祖国号召、回国参加建设是正确的，是光荣的。日本华侨华人联合总会陈焜旺名誉会长表示，看到日本归侨为祖国做出众多的贡献和业绩，我们很骄傲。

对于他们的讲话，全场报以热烈的掌声。尤其是各部门领导向日本华侨华人联合总会赠送纪念品，北京日本归侨联络组的十几位老归侨向主席台的每位领导赠送《回国五十年》文集，以及台联会长杨国庆代表归侨向当年为实现集体回国作出贡献的陈焜旺、韩庆愈、杨春松（家属代领）赠送纪念图片和花束时，全场沸腾，高潮连着高潮。大会以全场高唱《歌唱祖国》结束。龙新民同志说，从来没有看到过这么热烈的场面。

二

大会成功的三个因素：

（一）北京市侨联的指导和帮助。三年前中国侨联发出归侨们"组织起来，活跃起来"的号召。北京市侨联邱国武副主席直接找日本归侨委员陈富美，于是陈富美与在京的横洪、神户两个侨校校友及同学会的老同学们商量，组织了"北京日本归侨联络组"。北京市侨联于2001年12月正式批准成立。

联络组筹备回国50周年纪念大会的过程中，北京市侨联认真负责地指导和参与，尤其是大会筹备进入实质性阶段，凡是遇到难题和困难时，北京市侨联或者向中侨联反映、督促，或者替联络组出主意想办法。当大会即将召开时，北京市侨联派联络部王未副部长直接参与具体工作。王未副部长很认真负责，与联络组配合得很好，使大会能够顺利召开。

中国侨联由唐闻生副主席于7月24日召集市侨联、联络组、全国台联等单位开协调会，具体提出大会的指导思想、重要意义以及需要注意解决的问题、各单位的分工，明确、干脆，使大会筹备顺利运作起来。中国侨联正式向日本华侨华人联合总会发邀请函，大会期间派人承担日本侨领团55人的繁杂的接待工作，保证大会开得圆满、成功。

全国台联因日本归侨中台胞占一半以上，它的历任领导林丽韫、杨国庆及我等均是日本归侨，因此积极主动配合，承担部分经费，协助大会成功召开。

国务院侨办也协助、配合，促使此会成功。

（二）联络组于2001年一成立，就提出2003年举办回国50周年纪念大会，引起广大日本归侨的热烈反响和积极支持。可喜的是，联络组有一批富于奉献精神和政治素质高的老归侨。他们两年多来按整体工作规划，任劳任怨，无私奉献地做了大量工作。首先孙炳日主动承担编花名册的任务，在大家帮助下终于汇编了全国各地共607名归侨名单，为大会的组织工作提供牢靠的组织基础，印发后大受归侨们的欢迎和赞扬。其次，为汇编《回国五十年》纪念文集，联络组组织了编辑委员会，由林丽韫、杨国庆、李敏宽当顾问，具体由执行编辑陈月霞、曾葆盛和我三人负责汇辑了82篇28万字的稿件。经过审查、修改后排印1500本，不仅获得国内归侨的认可，而且大获日本华侨的赞赏。海外共要了500本，其中200本是给横滨侨校当教材。

其次，筹备大会时联络组定期不定期地开会研究，统一思想，分工负责，每位成员主动承担许多具体工作。尤其在与全国各地归侨的联络上，充分发挥横滨、神户、同学会三大块的组织优势，通信联络反复四次之多，畅通无阻，确保与每位归侨的联系、沟通。所以我们向归侨们介绍我们的工作条件，并提出参加大会"自愿自理"时，他们均表示谅解，然而参加大会的外地归侨竟然有100多人，占出席归侨的一半，远远超出我们的意料。由于有了这么一批具有献身精神的联络组成员，我们团结一致，共同奋斗，实现了50周年纪念大会的胜利召开。

（三）海外华侨的支持和推动。日本华侨华人联合总会陈焜旺名誉会长是20世纪50年代直接策划推动集体回国的负责人。他于2001年到京，听到联络组要举办回国50周年纪念大会时很高兴，立即表明由他组织日本华侨来参加，并赞助部分经费。两年来，陈焜旺在日本宣传动员各地侨领参加50周年活动，凡是有机会接触国内侨务部门领导，他便反映此活动并希望国内各部门予以支持和推动。因此，他亲自率领日本各地侨领等55名华侨参加大会，使大会成为日本归侨和华侨大团聚的盛会。

三

50周年大会的反响和影响较大。

（一）增强了日本归侨的自豪感。老归侨们为祖国繁荣奋斗了50年，由于历史问题难免或多或少地遭到挫折或不公平待遇。虽然后来我国搞改革开放和落实政策，大家各方面条件都有改观，心情也好起来，但一些人心里还有些疙瘩。在这次大会上，听到各部门领导诚恳、热情地赞扬归侨们50年奋斗的讲话后，归侨们感到特别亲切、温暖，感慨万千，所有的不愉快、疙瘩一扫而光。纷纷表示，从来没有听到过对我们这么贴心的话。可以说，这次大会对归侨们而言，是一次很好的鼓舞和勉励的大会，增强了他们的自豪感。归侨们表示，要振作起来，为祖国的繁荣、中日友好和祖国统一继续作出贡献。

（二）对于日本华侨而言，是一次爱国主义教育的机会。日本华侨有光荣的爱国主义传统，但是"左倾"错误的破坏，让部分华侨对祖国产生落后的印象。他们参加这次大会，一是看到归侨们努力奋斗50年，为祖国作出这么多贡献，深受感动。为这些老同学、老校友的爱国挚情感化、佩服，也让他们增强了爱国之情。二是在与老归侨交流中，他们发现国内生活水平提高很快，部分人已走向小康，尤其是大会召开的下午，大家坐车欣赏北京新貌，印象很深，对祖国的发展信心更强。这次又印证了"做好国内归侨工作将影响海外一大片"的道理。

（三）侨务部门的影响和威信提高了。过去日本归侨较少接触侨务部门，对侨联的印象不深。在这次群众性的大会活动中，广大归侨直接与侨务部门的领导接触，听到他们的讲话，感到很亲切。当他们知道这次大会是在各侨务部门的支持帮助下办成时，在他们心目中，侨联等侨务部门的威信树立起来了。可以说，这次大会为侨联的侨务工作扩大了群众基础。

总之，广大归侨、华侨对这次大会的成功感到很高兴、很满意。他们希望北京日本归侨联络组继续存在下去。我们也决心在北京市侨联的领导下，继续团结归侨，联系华侨，更好地贯彻执行各项侨务政策。

特此报告！

（2003年10月15日北京日本归侨联络组郭平坦　执笔）

侨领陈焜旺：六十年的爱国情怀

编者按： 在中华民族的历史上，无数身在海外的华人华侨为中国人民的解放事业和社会进步作出了不懈的努力，其中就有不少是台湾同胞，他们为新中国的成立、祖国的经济建设和统一大业，自始至终贡献着青春、热血和力量。历史虽已远去，但人民不会忘记。从本期起，我们将对海外台胞的爱国情怀进行整理发表。让我们一起揭开那段尘封的记忆吧。

现年87岁的陈焜旺先生，至今仍担任着日本华侨华人联合总会名誉会长、东京华侨总会名誉会长。自1948年进入东京华侨总会以来，他在捍卫华侨权益、爱国团结及中日友好等事业上取得了辉煌成就，是日本爱国侨界的核心，也是一位德高望重的旅日华侨领袖，在全世界华侨界中都享有极高的声誉，十分令人敬佩和颂扬。

年轻的华侨总会副会长

1923年11月28日，陈焜旺出生于台湾省台中县，1941年18岁时赴日本东京求学。

第二次世界大战后，日本社会混乱，留学生生活困难。在此背景下，1945年陈焜旺参与成立了台湾学生联盟。1946年，该联盟与大陆留学生中国东京同学会合并成立中国留日同学总会。该会成立的目的是帮助留日学生维系正常生活，其主要任务就是向日本政府交涉发放救济款、缓交学费、特发物资等事宜。

1947年，正当陈焜旺在日本中央大学法律系读书时，台湾发生了"二二八"事件，一些台湾青年来到日本，向他们诉说了"二二八"事件经过。陈焜旺等旅日台胞听后无比愤慨。同时，他们注意到中国共产党在国内解放战争中的节节胜利，通过这些胜利，他们看到了中国的希望，也开始把打倒国民党反动派、解放台湾的希望寄托于中国共产党。

1949年，陈焜旺当选为东京华侨总会理事。时值新中国成立没几天，总会便将庆祝10月10日的"双十节"活动，改为"庆祝中华人民共和国诞生大会"。

1950年，陈焜旺从日本中央大学法律系毕业。由于他出色的组织能力和爱国精神渐渐被旅日台胞肯定，这年他当选为东京华侨总会副会长，年仅27岁。

抗争来自台湾当局的干扰迫害

陈焜旺担任东京华侨总会副会长不久，由于拥护中国共产党、拥护新中国，特别是一些实际的拥护和支持行动，得罪了台湾当局。

1951年1月，台湾当局驻日本的"中华民国驻日代表团"（简称"代表团"）"命令"东京华侨总会撤销陈焜旺的副会长职务，罪名是"支持共产党，反对国民政府"。

然而，在当时的日本侨团，其职务的任免必须按各侨团的章程办理，尽管总会一时迫于"代表团"的压力举行了总会理事选举程序，但结果反对撤销陈焜旺副会长职务的人占绝大多数。乃至到5月换届时，尽管"代表团"还是不承认陈焜旺等四位候选人，但选举结果却是四个人均以高票当选，陈焜旺仍被选为副会长。

对此，"代表团"极为恼怒，5月15日宣布选举"无效"，还"下令"解散东京华侨总会，并拼凑"伪总会"。而"伪总会"又于9日雇用打手来抢占东京华侨总会。

是可忍，孰不可忍！法律系毕业的陈焜旺，深知如何利用日本现行法律维护权益。于是，他将"代表团"干预总会的前前后后上告了日本司法部门，日本当局迫于无奈，只好对"伪总会"的暴力行为给予呵斥，要求"伪总会"康启揩等人写出悔过书，保证今后不再采取不法行为。

就这样，在陈焜旺等人的顽强抗争下，"代表团"对总会的干扰迫害遭到了彻底失败。

拥护宣传新中国

那段时间，陈焜旺等人一边抗击"代表团"的干扰迫害，一边积极为华侨谋取福利，捍卫正当权益。

1946年，东京华侨总会与日本大藏省交涉，从1947年起，旅日华侨的所得税税额，由东京华侨总会负责牵头，并与日本各税务局进行核定，由总会分摊到各地华侨组织，再由各地华侨组织收集并交纳税金。这样一来，旅日华侨就无须直接与税务局交涉，且能减轻和免除特别税等。后来，事实证明，这一措施深受旅日华侨的欢迎，而"伪华侨总会"根本做不到。由此，东京华侨总会更加受到了广大旅日华侨的支持和拥护。

随着新中国经济建设的成就越发显著，新中国的国际地位逐步得到提高，特别是当陆续返回日本的原在华日侨也不断地宣传和介绍中国共产党廉洁奉公的清新形象等，更使得新中国在日本，尤其是在侨界中的威望、地位越来越高。

在这种情形下，陈焜旺等人开始联系东京、横滨、京都、大阪、神户等地的进步华侨和留学生，共同宣传新中国的形象，进一步扩大新中国在日本、在国际上的影响。尤其是自1953年起，陈焜旺等旅日华侨发起的日本华侨留学生回国参加新中国建设的运动轰轰烈烈，使华侨中的爱国势力迅速扩大。

据陈焜旺称，1953年到1958年期间，日本侨界中的爱国势力已占主导地位，"代表团"对此已经无可奈何。

波澜壮阔的集体回国斗争

新中国轰轰烈烈的社会主义建设吸引了在日留学生和爱国华侨。1950年至1952年，从日本回国的华侨及其家属约有300人。

1952年12月1日，中国政府对外发布，在中国的有4万多日侨要求返回日本。随后，经中国红十字会与日本红十字会等团体协商，决定由日本政府派船到中国接回在华的日侨。

恰在此时，在日本的留学生、华侨等也有1000多人要求回到祖国。于是，东京华侨总会主动向日本政府以及日本红十字会等提出，希望能够满足要求返回中国的华侨留学生意愿，允许他们乘坐赴中国接日侨的船只返回祖国。

中方代表廖承志也要求日方协助，日方原则上同意。

可是，因当时朝鲜战争尚未结束，日本政府向美军、韩国、台湾国民党当局提出了安全保障（因要求回中国的旅日华侨留学生中台湾省籍人士占2/3），试想在那种情况下，上述三方怎么会答应呢？结果是三方提出了日本船只不载客赴华为"安全"条件。日本政府对此一时便"彷徨失措"，致使答应旅日华侨搭船回国的约定之履行一拖再拖，严重违背了承诺，只一味地接待日侨。

对于日本政府的这种态度，东京华侨总会迅速联系日本红十字会等团体及友好人士，发动了向日本政府抗议并请求日本国会、各政党等协助回国的运动。不久，日本国会迫于外界压力即召开了"特别委员会"会议。会上，陈焜旺代表东京华侨总会阐述了1953年1月以来与日本外务省交涉的详细经过及与有关团体达成协议的内容，并进一步要求日方从人道主义立场出发，尽快解决此事。在事实面前，外务省也不得不承认，这一情况属实。之后，日本国会"特别委员会"明确要求外务省尽一切努力履行此协议。同时，200多名旅日华侨留学生，于1953年6月5日在东京举行大会，强烈抗议外务省违背中日双方协议，后游行至外务省门前静坐。

此次抗议运动轰动了整个日本社会，并得到了日本广大民众的支持和同情。中国政府也适时指出，如不解决华侨乘船问题，将延迟日本船只来华安排。在这种内外交困的情境下，日本外务省被迫同意华侨留学生乘船返回中国。旅日华侨的回国斗争得到了全面胜利。

从1953年6月27日第一批开始（1953年就有3批2650人），一直到1957年，共有35批3821人回国，连同1952年前回国的，共4000多人，占当时旅日华侨4万人的1/10还多。

就在第一批旅日华侨集体回国时，陈焜旺等三名侨领作为护送华侨回国的乘船代表来到祖国大陆，时任华侨事务委员会副主任的廖承志见到陈焜旺时十分高兴，勉励他，加强旅日华侨的爱国团结。廖公的信任和肯定，也让陈焜旺备受鼓舞。

接待和保卫祖国访日代表团

1954年10月，中国红十字会代表团收到日本红十字会致谢函，并应邀赴日本访问。这是新中国成立后首个访日团，团长为李德全，副团长为廖承志。

为迎接这支来自祖国的访日代表团，一方面也应日本红十字会全面协助的请求，陈焜旺等旅日华侨组织成立了全日本华侨欢迎委员会，陈焜旺负责代表团的接待、安全、生活及翻译等方面任务，各地侨团和同学会均派出志愿者。代表团所到之地，东京、大阪、神户、京都等地都举办了盛大的欢迎大会。

代表团一行深深地被旅日华侨们的爱国热情所感动。中国红十字会访问团赴日成功，不仅大大地促进了中日友好，也加强和扩大了旅日华侨的爱国团结。此后，东京华侨总会在陈焜旺的领导下，为来自祖国大陆的赴日访问团提供了诸多方便，赢得高度评价。

1955年4月，中国贸易代表团一行38人来日签订第三次中日贸易协定，陈焜旺等动员东京、横滨的华侨、留学生2000余人，前往羽田机场，阻止国民党当局、日本右翼组织的干扰破坏；1955年10月11日，中国商品展览会在东京和大阪举行，观众共达200万人。东京华侨总会组织华侨青年保卫队，与日本警察、日本友好人士成立三支保卫队伍，有效地保障了展览会的顺利进行。此后，1955年11月，以郭沫若为团长的科学院考察团；1956年5月，以梅兰芳为团长，京剧名家李少春、袁世海为团员的86人组成的中国京剧代表团先后赴日访问，尽管国民党当局及日本右翼组织千方百计地想进行干扰破坏，但在陈焜旺等旅日华侨严密的安全保护网面前，他们的阴谋始终未能得逞。

随着中日友好运动的向前推进，国内各种代表团不断地到访日本，均得到了陈焜旺等旅日华侨的安排和日本友好人士的协助，使得访问得以成功。在中日两国尚未恢复邦交、中国驻日本使领馆未成立的情况下，陈焜旺等旅日爱国华侨无疑作出了重大贡献。

帮助同胞与日当局斡旋

20世纪五六十年代，新中国欣欣向荣的发展和国际地位的上升，不仅吸引了广大海外侨胞，也延伸到台湾岛内。一些被当局派往美国等地培训的技术人员、运动员等台湾同胞，因十分向往祖国大陆，便利用途经东京之便，寻找到东京华侨总会，要求回到祖国大陆。

对于这些爱国同胞的请求，陈焜旺总是有求必应。他先后多次且稳妥地把他们送到祖国大陆。如1964年，参加东京奥运会的台湾气枪运动员马晴山，就是通过东京华侨总会的帮助回到了辽宁老家。

其实，这是陈焜旺等旅日华侨早期积极与日本政府斗争的结果。早在1952年日本修改《出入国管理令》时，陈焜旺等旅日华侨就联合朝鲜侨民、日本友好人士，要求将按照国际惯例把"迁返目的地"改为"本人意愿地"。后来的事实也证实了这点，在日本的中国人从未被强制送到本人"不意愿"去的地点。这在"洪进山事件"中同样起到了重要作用。

那是1954年，台湾当局选派七名警察到日本警官学校学习一年。其中，台湾省籍警察洪进山找到陈焜旺，表明想到祖国大陆去。经安排，洪进山拿到了日本入管局的出境文件，并拟于1955年11月乘华侨集体回国的"兴安丸"轮船来大陆。然而，台湾当局得知后，要求日本政府协助阻止洪进山回大陆。于是，日本当局发动100名警察包围了名古屋车站，硬是以"留学生过期不出国"的罪名把洪进山从回国华侨的火车上带回东京并软禁起来。因洪进山本来已拿到入管局出境文件，日本政府这种出尔反尔的做法，无疑引起了旅日回国侨胞们的极大愤慨，他们强烈要求与洪进山一起回国，否则拒绝乘船。此后，日本红十字会召集日本政府有关人士、国会负责人及各报社，让洪进山公开表态。洪进山明确表示，要求回到祖国大陆，不回台湾。日本当局以拖待变，一方面表明尊重洪进山本人意愿，让"兴安丸"开走，另一方面又为台湾当局安排说服洪进山的时间，台湾当局还特意将洪进山的父亲和伯父带到日本，企图说服他。但洪进山坚持回大陆，拒绝同家人见面。最后，日本当局拖到1956年2月，不得已地安排洪进山乘船回祖国大陆。

还有一件事，就是"周鸿庆事件"。那是1963年10月，中国油压机械考察团访问日本东京，翻译周鸿庆因酒后失言，害怕受到处分，乃脱离考察团，拟叛逃台湾"驻日使馆"而误入苏联驻日使馆。后被解送东京警视厅。东京华侨总会知道此事后，立即成立了"对策委员会"，陈焜旺作为代表与日本入管局、法务大臣及警视厅进行严正交涉。开始周鸿庆本人动摇不定，陈焜旺等人说服日方允许与周鸿庆见面，并把其妻儿劝告的录音带等东西交给周鸿庆本人。最终，尽管日方其间亦让台湾当局人员多次见周鸿庆，但周鸿庆在陈焜旺等同胞的爱国热情感染下决定放弃去台湾的念头。后来，虽然日方仍不断刁难周鸿庆，可由于周鸿庆以绝食明志，坚决要求回国，再加上面对巨大的社会压力，日本当局只好于1964年1月9日安排周鸿庆乘船回国。

推动中日邦交正常化

旅日华侨历来与日本人民友好相处。陈焜旺十分重视中日友好事业，在1949年10月10日东京华侨总会庆祝中华人民共和国诞生大会上，他与日本朋友共同发起成立了日中友好协会。

一方面，20世纪五六十年代，日本各团体邀请中国代表团访问日本，遇到人手不足等困难时，陈焜旺就大力支持，积极帮助。另一方面，陈焜旺等旅日华侨发动种种斗争时，均得到日本朋友的支援和帮助。陈焜旺还与日本各界有广泛的交际，不仅是与各友好团体，而且与日本国会的各政党如社会党、共产党等都有着密切交往。即便是为捍卫华侨的正当权益，与日本政府，尤其外务省、入管局、警视厅等进行斗争时，陈焜旺也总是以日本法律为依据，据理力争，以理服人，之后照旧与他们保持良好关系。所以，这些部门也很尊重陈焜旺，有什么问题都愿意找他商讨。陈焜旺则按"有理、有利、有节"的原则，合情合理地协商解决，所以他的"斗争"总是获得满意的结果。

随着中日民间往来的不断深入，陈焜旺亦积极推动中日两国的交流，促进中日邦交正常化。

早在1953年，陈焜旺等通过日本红十字会向日本政府提出华侨回国探亲的要求，并得到中国红十字会的大力支持。日本政府鉴于中方允许在华日侨返回日本探亲，被迫允许旅日华侨回国探亲，开始限制一年30人，后逐渐放开。1970年，东京华侨总会向日本入管局和外务省提出侨胞参加广州交易会的申请。这一要求得到早已参加广交会的日本友好团体及人士的支持和协助。这样，侨界亦为打开中日两国交往作出了努力。

东京华侨总会多次向日本外务省和入管局交涉，派出日本华侨国庆代表团。这个要求得到日本各政党团体的支持，在国会上日本政府被迫表示批准。于是，1971年，以东京华侨总会会长甘文芳为团长的国庆代表团得以成行。次年，借中日邦交正常化之际，陈焜旺副会长担任团长的日本华侨国庆团访问北京。其间，他荣幸地受到周恩来总理的特别会见。原定30分钟的会见谈了五个小时。周总理高兴地向陈焜旺等人阐述新中国的外交、对台政策等问题，鼓励旅日侨胞们为祖国建设和统一大业多作贡献。陈焜旺在周总理身边目睹了周总理废寝忘食的工作情景，深受感动。后来他说，这天的会见是他永生难忘的。

对于陈焜旺等旅日侨胞的努力，全国人大常委会副委员长王兆国在2003年9月28日会见陈焜旺率领的日本侨领团时就指出，陈焜旺先生等旅日华侨领导人组织的爱国华侨团体，风雨无阻，始终为促进中日人民的友好而不懈努力，特别是在中日邦交正常化前，作出了不可磨灭的贡献。

1972年9月29日，中国政府和日本政府签署《中日联合声明》，实现了中日邦交正常化。翌年1月，双方互设大使馆，中日关系从此翻开了新的一页。但在这新形势下，捍卫华侨正当权益的新的斗争又开始不断出现。

收回属于中国人民的财产

收回长崎孔子庙的财产所有权。长崎孔子庙是于1893年由华侨出资在日本长崎市建立的。第二次世界大战期间，日本政府将此财产登记为"中华民国"（实为汪精卫伪政权）长崎领事馆所有。中日恢复邦交后，陈焜旺等旅日华侨在经我驻日使馆的认可下成立了中华人民共和国在长崎的国有财产管理委员会，陈焜旺担任委员长。为尽快收回长崎孔子庙财产主权，陈焜旺充分运用中日恢复邦交的大好时机，多次与日方有关部门交涉谈判，终于在1973年得以收回。1983年，在陈焜旺等人的再次呼吁和努力下，有关方面对长崎孔子庙进行了修缮，并在廖承志和侨办的安排下，国家文物事业管理局、故宫博物院、曲阜孔庙等单位向长崎孔子庙提供了一批珍贵的书画、陶瓷等物件，使之在珍藏、赏习、交流等方面的文化品位一下子提升了许多，名称也由此更名为孔子庙中国历代博物馆。该博物馆现已成为长崎市著名的旅游景观，深受日本人民的欢迎，为中日友好和弘扬中华民族文化作出了贡献。

为收回伪满洲国"司法部长"财产，成立东华财团。早在1964年，陈焜旺就了解到了第二次世界大战期间伪满洲国"司法部长"以其妻子赵女名义，在日本东京秘密购置多处土地，1943年其返回中国时将此财产委托日本人管理。陈焜旺认为这些财产是属于中国人民的，应该收回。于是，他向国务院侨委报告。很快，侨委不仅同意了陈焜旺的报告，还给他寄来了管理和处理赵女名下的在日本全部财产的委托书。1976年，陈焜旺安排赵女到东京的法院证明其财产；1984年，再次安排其子赴东京作证。在铁证面前，日本法院经过核实终于确认这些财产确属赵女所有。但是，由于这些土地在日本已经流失了40多年，几乎完全被他人非法占据了，现想收回，难度很大。对此，陈焜旺没有退缩，而是对那些非法占有者一一进行起诉，要求退还其所占土地。在陈焜旺强有力的推动和坚持下，日本法院对每一宗起诉都进行了认真的处理，或者劝告和解，或者判处交回，到1999年，这些土地的所有权才基本收回。

收回的这些土地如何处理呢？恰巧日本政府在对待外国留学生的政策中有一条规定，假使赵女财产全部捐赠给对留学生发放奖学金的特定公益法人的话，那么可以免去这些收回土地全部的巨额遗产税。为不使一些资金白白流失，在经过国内有关方面及赵女、其儿子的认定和同意后，陈焜旺成为赵女的遗嘱执行人，全权处理此财产。随后，在得到日本外务省及文部省的许可后，成立了东华文化教育财团，陈焜旺任理事长，从而使收回的赵女在日财产所得的27亿日元全部纳入该财团的基金。这一工作做得十分不容易，前后共花了30多年的时间，不但要经过政治、外交等方面的谈判，还要同日本的右派、暴力团体进行复杂而艰难的斗争。尽管如此，有祖国和人民做坚强后盾，有旅日华侨的大力支持，陈焜旺发挥出了超强的才华，终于取得了最后的全面胜利。

痛击日本反华逆流

尽管中日两国人民希望世代友好，但在日本仍有少数人不承认日本侵华战争的罪行，甚至加以美化。尤其在20世纪90年代，中国经过改革开放，国力上升，日本出现了否认侵略、敌视中国、干扰中日友好关系的右翼言行潮流，且愈来愈猖狂。

为还原历史，维护祖国荣誉，1995年在抗日战争胜利50周年之际，陈焜旺决定公开揭发日本在第二次世界大战期间从中国掳走众多劳工的战争罪行，并将秘密保存了40多年、记载日本强抓中国劳工史实的日本外务省1946年3月1日制作的《华人劳工就劳情况调查报告》向社会公布。该报告共5册，另附135个事务所的具体报告。《华人劳工就劳情况调查报告》的公开化，在日本国内迅即引起了很大的轰动和强烈的反响，日本国会及日本外务省不得不承认这一历史事实，对那些反华右翼势力给予了迎头痛击。

事实上，陈焜旺和东京华侨总会及中国留日同学总会，从1949年起就在日本友好人士的帮助下开始调查了解日本残杀、虐待中国劳工的事实，并收集被害者遗骨。20世纪40年代，一位日本朋友向陈焜旺提供了这部日本外务省的秘密报告。陈焜旺等看到这份报告后，十分震惊，因为里面的许多内容骇人听闻。这位日本友人称，他一直盼望着将这一史实公布于众的那一天，当然也希望能对史料来源给予保密，因为日本右翼分子做起事来十分残忍。陈焜旺心里自然明白这位日本友人的担忧。从当时的日本右翼反华势力的强大和紧张形势来说，不论是这套资料的提供者，还是根据这些资料进行调查的调查者，身份一旦暴露，处境无疑将万分危险。在这种情形下，陈焜旺硬是冒着生命危险，秘密地将这套资料保存了起来，并暗中根据这些资料进行调查。

根据这份史料进行的调查显示，第二次世界大战后期，日本当局因战事缺乏劳动力，从1943年起，就从中国华北地区大肆抢掳劳工，其中包括农民、工人，甚至是军人，总共169批，38935人。这些劳工被强行带到日本后，分配到各地达135处，主要从事矿业、港湾、搬运、土木建设等超强度负荷的工种劳作。几年间，因残酷的劳动管理、监工的严刑殴打等多种原因，加上恶劣的环境、营养失调及生病得不到治疗，至1945年8月日本战败时，在日劳工的死亡人数已经高达6830名，其中包括因不堪暴行逃亡后被捕杀害的"花园事件"参加者等。

看到这些血淋淋的史料，陈焜旺的心都碎了。他决定，一定要通过自己最大的努力，把这些遗落他乡的同胞骸骨找出来，让他们的灵魂随遗骨返回故里。从1949年起，陈焜旺等爱国华侨便一个地方接着一个地方，一具接着一具，开始收集散落在日本各地的同胞遗骨。至1958年，共找回了1000多具。随后，陈焜旺等在日本友好人士的支持下，在日本为这些死难同胞举行了隆重的追悼会，并安排专人随华侨集体回国的船只，将这些劳工的遗骨送回国内，让他们飘落的灵魂最终得以入土为安。

反对"台独"，促进和平统一

"台独"势力在日本华侨台胞中始终不得人心，"台独"势力在陈焜旺等人组成的强大的爱国力量面前，根本不成气候。旅日台胞普遍认为，好不容易使台湾回到祖国怀抱，台湾不可能也不应该搞"台独"。至此，在旅日台胞当中没人理睬"台独"。而当时日本政府迫于外界舆论和中国政府的压力，在政界也几乎无人公开支持"台独"。尽管从1955年起台湾当局向日本派留学生时，就随之派遣特务对其进行严密监视；尽管一些倾向"台独"的台湾学生眼看日本没有"台独"市场而跑到美国去；也尽管廖文毅等人于1955年在日成立了所谓的"台湾共和国临时政府"，但由于这些没有得到旅日台胞们的响应和支持，其最终结果都是灰溜溜的，没人支持、没有资金，他们自己只能自以为是地搞业余"台独"。

在同"台独"势力作斗争的过程中，陈焜旺等旅日华人华侨组成的爱国力量，发挥出了积极、重大的作用。随着新中国的日益强盛，尤其自1972年中日邦交正常化后，在日本侨界，这股爱国力量已经占有绝对的优势，"台独"几乎毫无市场。而在日本各界，因《中日联合声明》中坚持一个中国立场，这样"台独"势力在日本同样没有人支持。

1979年1月1日，全国人大常委会发表了《告台湾同胞书》。在此鼓舞下，陈焜旺等人更加积极地开展了对旅日各地台湾省民会的爱国团结运动。随着在世界各地祖国和平统一的声势不断壮大，陈焜旺等人开始筹备"全世界华侨华人中国和平促进会", 2001年7月16日、17日, 首届"全世界华侨华人中国和平促进会"在东京召开。来自世界35个国家和地区的600多华侨华人以及台胞参加了此次大会。陈焜旺在大会发言中指出: 台湾回归祖国, 不仅有利于中华民族复兴, 而且对亚洲及全世界的繁荣和稳定都有着重要的意义。会上一致通过了《新世纪东京大会宣言》, 号召全世界的华侨华人继续发扬爱国传统, 以实际行动积极促进中国的和平统一。大会获得了空前的成功。

推动新老华侨华人的团结

在新的发展形势下, 日本各地爱国侨团呼吁成立全日本统一的华侨组织。于是, 1999年5月, 23个日本侨团的74名代表汇聚一起, 共同决定成立留日华侨联合总会, 代表们一致推选陈焜旺为第一任会长。事实上, 在此之前, 日本华侨的爱国运动也一直由东京华侨总会牵头, 为了加强联合行动, 于1969年由旅日各地41个县市侨团共同组织留日华侨代表会议, 联席会议每年举行一次。30年来, 其主要活动有: 一、拥护祖国; 二、维护华侨正当权益; 三、反蒋斗争; 四、扩大爱国统一战线; 五、积极推动中日友好。这一全日本华侨的统一行动成效显著, 尤其是在中日邦交正常化运动中发挥了巨大作用。

随着祖国大陆赴日人员的急激增长, 原有4万多的华侨, 至1988年已有27万人, 2008年为60多万人, 其中已加入日本籍的华人达到了20多万, 华侨人数居旅日外国人中第一位。为适应形势的发展需要，2003年5月28日，"留日华侨联合总会"改名为"日本华侨华人联合总会"。陈焜旺任名誉会长，并兼任东京华侨总会名誉会长和东华财团理事长，继续发挥其应有的核心作用。工作中，陈焜旺等看到来自大陆的新华人、新华侨越来越多，便着手推动改革，2003年9月21日，由日本华人教授会议、全日本中国人博士协会等八个团体组成的"新华侨华人联合总会"应运而生。而这新老两个华侨华人联合总会在爱国团结的基础上互相支持，互相帮助，有力地提升了日本华侨华人的社会地位，促进了中日友好事业的发展。

长期以来，特别是第二次世界大战后，不足5万人的旅日华侨华人同日本反华势力进行了坚决的不屈不挠的斗争，他们不畏来自日本反华势力的政治压力和各种迫害，靠智慧和力量粉碎了台湾当局的一个又一个图谋分裂的阴谋，取得了令人欣慰的一个又一个胜利，这胜利来之不易。正因为如此，陈焜旺又于1990年成立日本华侨华人研究会，其主要任务就是编写华侨留学生的斗争历史。经过10多年的辛苦劳作，2004年12月，他们终于写出了500多页的《日本华侨、留学生运动史》一书，并由国内的北京日本归侨联谊会于2006年翻译成中文出版。该书不仅描述了日本华侨爱国斗争的光辉历史，而且填补了我国华侨史的空白。人们通过这本书可以充分了解陈焜旺杰出的领导才干和所作出的丰功伟绩。

2009年，陈焜旺应邀参加了新中国成立60周年的庆典活动。他目睹了雄伟壮观的庆典仪式，感受到了祖国改革开放30年来的巨大成就，不禁从心灵深处呼喊出"伟大的庆典，伟大的军队，伟大的祖国"的心声。

后续

2010年4月4日，陈焜旺偕夫人通过东京华侨总会的旅行社回到故乡台中。时值四年后的清明，能再次到父母坟前扫墓，尽一份孝子之心，个中滋味令陈焜旺感慨颇多。陈焜旺于4月8日返回日本。

之前，陈焜旺曾连续四年得台湾当局"照顾"，能够年年尽孝子之心，为九泉之下的父母拜祭。只是后来他看不惯岛内"台独"嚣张，说了几句"台独"分子不爱听的话，表示坚决反对"台独"，台当局便再次对他入岛实行了禁令。这让陈焜旺对"台独"们的丑恶嘴脸看得更清楚。

情况是这样的。1987年，台湾当局被迫开放台湾居民赴大陆探亲。之后，也部分开放海外侨胞赴台探亲访友。陈焜旺是旅日华侨中的著名爱国侨领，这自然早已引起了台湾的重视。1990年，时任亚东关系协会驻日代表的蒋孝武询问陈焜旺，是否愿回台湾？陈焜旺答复，只要无条件，愿意回故乡看看。据说，蒋孝武随后照会台湾，但那些"台独"分子对陈焜旺恨得要命，百般阻挠，就是不准陈焜旺回故乡。1992年，许水德（原台"内政部长"）改任亚东关系协会驻日代表，一次宴会上陈焜旺碰见许水德，主动表示祝贺。因为早期陈焜旺的名气很大，许水德没想到陈焜旺这么淳和礼亲。几天后，许水德亦来问陈焜旺，愿不愿意回台湾？陈焜旺同样说，无条件的话愿意回去。不过，这次许水德改变了策略。因他任过台"内政部长"，深知那些人不好惹，所以他让时任亚东关系驻日顾问何应钦的女儿回台策划。果然，不久后岛内同意了许水德的建议。于是，这年陈焜旺如愿以偿，偕夫人返回了台湾。他首先给父母修建坟墓，寻找亲朋好友，四处参观。台湾方面表面上对陈焜旺十分客气，专门派了一辆车和一名陪同，名义上是为了"保护"陈焜旺，实际上大家心里都很明白，台湾方面对陈焜旺还存有心芥。就这样，陈焜旺连续四年，年年回台湾，每年也都受到当局的"款待"。台湾当局原以为陈焜旺会表示点什么，比如"感谢"之类的话，可是，陈焜旺非但没有任何"表示"，反而对李登辉日益露骨的"台独"言行表示坚决反对。这下就惹火了那帮"台独"分子，四年后即1995年起，台当局再也不"招待"陈焜旺了。

近年，海峡两岸形势出现重大变化，获得了一个又一个重大突破，中断近10年的两会协商谈判得以恢复，达成了一系列有利于两岸经济合作与人员往来的协议，实现了两岸"三通"，两岸关系进入和解合作、协商谈判与良性互动的新时期。看到此情此景，作为台胞，陈焜旺感到无比的自豪和欣慰。他希望，祖国和平统一能够早一天到来，那样两岸同胞就能早一天过上更加幸福、圆满、和谐的新生活。

（原载于《台声》2010年6、7月刊）

华商黄耀庭：在异乡唱响爱国之音

日本神户的著名华商黄耀庭，为人和蔼，一派绅士风度。虽已高龄，却精力充沛，两眼炯炯有神。他多年从事贸易实业，颇有建树，又热心于侨界事务和民族教育，在日本侨界声望颇高。他曾经长期担任神户中华同文学校理事长、神户华侨总会会长、日本中华总商会会长等职，是旅日侨界颇有名望的爱国侨领。

早年受家庭熏陶和侨校教育

1931年，黄耀庭出生于台湾省台中市。同年7月，其父黄万居携全家移居日本，并在神户从事与台湾的贸易生意。据黄耀庭说，其父深具爱国主义精神，向往祖国大陆。那是1945年8月15日（日本宣布无条件投降之日），父亲黄万居从外边一回到家，就兴高采烈地向家人大声宣布："台湾终于回归祖国了！"那一刻，父亲的神情、兴奋劲，令黄耀庭至今仍记忆犹新。随后，黄耀庭被父亲从神户二中强行转学到神户中华同文学校，该校专门为台湾学生开设特别班，补习中文。父亲希望他将来能够考取北京的大学，回到祖国大陆继续求学读书，报效国家。尽管后来他因内战未能赴北京求学，深为遗憾。但在神户中华同文学校学习中国历史和语言，以及父亲的言传身教，使得黄耀庭有了强烈的民族意识和爱国主义精神。

日本战败后，其父黄万居仍做着台湾贸易生意，主要进口粮食，另在制造糖果方面也颇有成就，当时堪称日本侨界的首富。1948年，黄万居以5000万日元的巨款注册成立了大信实业公司。有了强大的经济支撑，黄万居更加热心公益事业，先后与王昭德、陈义方等神户台胞，携手成立神户华侨总会、神户华侨信用金库等，还创办了日本侨界最大的报纸《国际新闻》，自任社长。此时，国内内战正酣，旅日华侨都很忧虑。

黄耀庭回忆说，时任国民政府驻日代表团政治组副组长的台胞谢南光（后回国任全国人大常委会常委），几次来神户找到黄万居，动员其父组团到南京劝告蒋介石停止内战。1948年7月，黄万居组织了日本华侨经济代表团，并亲任团长，通过《大公报》总编辑王芸生的联络，赶赴南京请谏。然而，蒋介石只见了黄万居和翻译郑孝舜（《国际新闻》报社副总编）二人。黄万居见到蒋介石就说，我们旅日华侨希望不要打内战，国共两党要和平谈判，共同建设国家，这样我们华侨的地位才会提高。蒋介石一听此话，便勃然大怒，拍着桌子怒气冲冲地说："是共产党要打的！"就不再理黄万居了。而其间与蒋介石合影的照片，因与蒋有了矛盾最后也没能拿到。

新中国成立之初，黄耀庭清晰地记得父亲曾这样对他说，过去我们主要是与台湾做贸易生意，但从今往后，我们要努力开拓与大陆的贸易生意，扩大交流规模，相信与祖国大陆正规化贸易的日子一定会到来。在那个特定的年代，父亲黄万居能说和敢说这样的话，是有着先见之明的智慧和需要很大的勇气的。

正是在父亲和神户中华同文学校的影响下，黄耀庭早早地就以自己是一名中国人而感到自豪和骄傲，并自始至终为中华民族的复兴而努力。

成就事业　为兴办民族教育不遗余力

1950年，黄耀庭以优秀成绩考入日本在财经界颇有名气的庆应大学经济学部。在这里，他发现该大学有一批中国的学生，便学着父亲那样在庆应大学组织了一个中国同学会，以此加强同胞之间的交流，并受到广泛好评。1954年毕业，之后前往美国明尼苏达大学研究经济，1956年返回日本，到其父的大信实业公司工作。

1957年，中国举办了第一届出口商品交易会，又称"广交会"，这是新中国成立后的第一个大型外贸窗口。其父黄万居自然不会错过且积极参与。此后，一直与大陆开展着杂粮等贸易方面的业务。1967年其父黄万居去世后，黄耀庭继任大信实业公司总裁。此时新中国与日本还没有邦交关系，只允许民间进行贸易往来，并限定在日本公司中的"友好商社"及华侨界的"爱国商社"。1972年中日邦交正常化后，黄耀庭于第二年首次回到祖国大陆参观，并与大陆外贸系统的有关部门进行了深入交流。当外贸有关部门充分了解了日本大信实业公司的实力和背景后，对黄耀庭和他的公司极为重视。黄耀庭也备感祖国大陆的厚爱，返回日本后，当即决定全面投入与大陆的贸易往来生意，逐渐减少与台湾的贸易业务。不仅如此，黄耀庭还扩大了业务范围，除了传统的杂粮贸易之外，积极开拓从大陆进口山菜、竹笋、木材等新项目，向大陆出口食品加工机械、冷藏设备等，并派人深入东北山村对当地农民进行技术指导。渐渐地，随着与大陆贸易业务范围的迅速扩大，黄耀庭很快确立了爱国商社在中日两国贸易之中的重要地位。

有了强大的经济实力，黄耀庭秉承父亲黄万居博爱、热心于公益事业的传统，尤其关注旅日华侨子弟的华文教育。他根据自己的亲身体验，希望神户更多的华侨子弟能到神户中华同文学校学习，希望他们成长为有民族自豪感，能够为中日友好和社会作出贡献的人才。1971年，黄耀庭担任了神户华侨幼儿园理事长，一任就是15年。1985年，他又担任神户中华同文学校理事长，一干又是15年。神户中华同文学校历史悠久，于1899年在著名政治家梁启超的建议下由神户华侨聚资创办的。日本战败后，神户华侨顶住国民党当局的压力，坚持民族爱国教育。并于1972年中日恢复邦交后，在校公开升起五星红旗。至今已培养了近5000名毕业生，他们成为神户侨界团结、合作、发展的骨干力量。

要办好一所学校，需要大量的资金，尤其是在异国他乡办华文学校。为避免给学生家长增添更多负担，华文学校就得靠旅日华侨的捐款。日本战败后，先后任神户中华同文学校理事会理事长的陈德仁、林同春等华侨带头捐巨款助学。黄耀庭担任理事长后，也不惜投入重金。他曾向大陆外贸有关部门表明，他的大信实业公司在贸易业务上所赚的钱，将投入神户中华同文学校，兴办民族教育。

正因为这点，多年来，国务院侨办、外贸各有关部门不仅给予了黄耀庭和大信实业公司很高的评价，而且更加愿意与其展开贸易上的合作。

1999年，神户中华同文学校成立100周年，黄耀庭在该校理事会、家长会、校友会的支持下举办了隆重的创校百年纪念大会。参与的900多位贵宾中有梁启超的孙女、名誉校长犬养毅（曾任日本首相）的孙子，还有新中国成立初期回国参加新中国建设的毕业生：时任全国人大华侨委副主任林丽韫、全国台联会长杨国庆、中日友协副会长黄世明等。时任国务院侨办副主任刘泽彭也专程赴神户中华同文学校，向黄耀庭理事长赠送了时任国家主席江泽民为神户中华同文学校建校百年纪念的题词："传播中华文化，增进中日友好。"黄耀庭在致辞时激动地说，感谢华侨同胞，有你们的支持才有本校今天的发展。并表示将继续中华民族教育的传承传播，继续努力把神户中华同文学校发展壮大下去。

不同时期积极推动两岸交流交往

自日本战败后到20世纪80年代，旅日华侨基本保持在4万人左右。其中，神户的华侨人口最多，且经济实力最强，是日本侨界的经济核心。神户的华侨多来自福建、广东、山东和台湾等省份，而台湾的旅日华侨几乎占神户华侨总人数的一半，经济实力也是最雄厚的。

1949年新中国成立后，拥护新中国的爱国华侨逐渐摆脱了由国民党当局控制的留日神户华侨总会，并于1957年成立了神户华侨联谊会。1972年中日恢复邦交，1976年爱国华侨正式成立神户华侨总会，大陆籍华侨基本都归属过来。由于黄耀庭及其爱国商社在旅日侨界中的地位且又热心于民族教育，随后被推选为神户华侨联谊会副会长。在任期间，黄耀庭积极与台湾省籍人士广泛接触，开展交心互助活动，并不时地帮助一些生活上有困难的同胞，一时间，黄耀庭在台湾省籍人士当中享有了一定的声誉。

正因为黄耀庭热爱祖国、热衷于民族事业，在旅日华侨中有一定声望，他回到祖国大陆参访时，屡屡受到党和国家领导人及政府相关部门的赞誉和热忱接待。1976年，黄耀庭带领兵库县同乡会副会长陈瑞麟回祖国游览参观，受到了时任中共中央对台工作领导小组办公室主任杨斯德的会见；1977年，黄耀庭参加旅日台胞国庆参观团，在北京饭店国庆招待会上见到了时任国务院副总理邓小平并聆听他的讲话。回日后黄耀庭在《华侨报》上发表文章，呼吁旅日台胞加强爱国团结，为实现祖国和平统一作贡献。

1985年，黄耀庭又动员了兵库县台湾同乡会名誉会长徐餐生、会长尤进徽、副会长王记等五位元老到北京。当时还出现了一个插曲：台湾亚东关系协会大阪办事处知道五位会长要到大陆参访，就对他们进行威胁、恐吓，说如果他们到大陆去，就不让同乡会会员回台湾探亲。徐餐生说，那样的话我们就在会刊上揭露你们。结果亚东关系协会不敢继续强压。黄耀庭带领五位兵库县台湾同乡会元老到北京后，受到了热情周到的接待，时任中央对台工作领导小组组长邓颖超还在人民大会堂接见了他们，赞扬他们勇敢地冲破阻挠来到北京，并勉励他们，爱国不分先后，共同为祖国和平统一作贡献。这五位元老赴北京受到高规格接待，在日本侨界，尤其在台胞中反响很大。此后，神户台胞中第二代领袖人物、博爱医院院长郑正秀（现任同乡会会长）、神荣信用金库理事长陈正和等都先后赴北京参加了国庆庆祝活动，他们都受到了全国台联的热情接待。兵库县台湾同乡会亦在日本先后接待了全国台联等国内一些访日代表团，并从2004年起每年组织参观团赴祖国大陆参观访问。

1988年，黄耀庭被选为兵库县台湾同乡会副会长，1989年被选为神户中华总商会会长。这期间，他仍担任着神户中华同文学校的理事长。众望所至，黄耀庭于2000年被选为神户华侨总会会长，成为神户华侨总会史上第一位台湾省籍出身的会长。

神户各种侨团有40多个，均由神户华侨总会协调运作。其间，黄耀庭颇费心力。担任会长后，他对华侨总会工作进行了大胆改革：一是根据新华侨、华人的增加，取消会员资格限制，并吸收他们的代表进入理事会；二是积极与台湾当局控制的旅日各种侨会沟通交流；三是积极推动祖国海峡两岸之间的交流交往，凡是台湾重要人士来神户，均以礼相待，并晓以大义。比如，黄耀庭与台湾亚东关系协会代表林金茎（20世纪90年代回台）是好友，他就曾说，海峡两岸本来就属于一个中国，同属一个中华民族，两岸人民应加强来往，尤其是华侨要加强团结。

老骥伏枥　成功举办世界华商大会

作为华商出身的旅日侨领，黄耀庭一如既往地致力于提高日本华侨、华商的社会地位，并颇有建树。1989年，他被选为神户中华总商会会长。该会成立于1906年，因神户港历来是日本对外贸易，尤其是对华贸易的首要港口，神户中华总商会也由此在日本华侨中颇有影响。黄耀庭当选会长后不久，1991年，新加坡举办了第一届世界华商大会，借此增强世界华商的国际合作和交流。黄耀庭代表神户中华总商会连续出席了七届大会，而且，每年他都积极申请和争取大会举办权。

祖国大陆改革开放后，旅日新华侨人数明显增加。1999年，黄耀庭建议由新老华侨及中资企业三方共同成立日本中华总商会。当日本中华总商会成立时，属下共有3000多个商社，黄耀庭作为颇有名望的老华侨，当选日本中华总商会会长。有了这个平台，黄耀庭决定再以日本中华总商会的名义申请举办世界华商大会。经过10多年的连续申请，终于获得了第九届世界华商大会的举办权。

2007年9月，第九届世界华商大会在日本神户如期举办，黄耀庭担任大会组委会主席。全国政协主席贾庆林出席大会开幕式并致辞。日本国土交通大臣冬柴铁三、前菲律宾总统拉莫斯、中国国务院侨务办公室主任李海峰出席了开幕式。本次华商大会以"和合共赢　惠及世界"为主题，吸引了33个国家及地区的3600多名华商和相关人士出席，使其成为在非中国本土举行的华商大会中规模最大的一届。大会获得了圆满成功。

大会以弘扬全球华人民族文化，增进世界华商们的联系、沟通和协作，促进全球华人华侨经济发展为主旨，进一步加强了与日本工商界人士的交流，推动了中日经济合作继续发展。国务院侨办对大会的成功举办给予了高度评价。日本神户市也因大会的成功举办提高了该市的名望而甚为满意，特向黄耀庭颁发神户市产业振兴奖；兵库县政府亦颁发国际协力功劳奖；井植财团亦颁发国际文化奖。2008年1月8日《人民日报》（海外版）把黄耀庭列为海外华人十大焦点人物，并介绍他举办世界华商大会的事迹。

黄耀庭现已年近八十高龄，仍担任日本中华总商会名誉会长、神户中华同文学校名誉理事长、中华全国台湾同胞联谊会名誉顾问等11个职务，继续发挥他的影响力。他的大信实业公司于2001年交给儿子黄文清管理。黄文清在大信实业20世纪80年代进入房地产、餐饮等领域实施多元化经营的基础上，把进出口贸易业务向欧美、东南亚等全球领域扩展。大信实业公司经三代人的努力奋斗，现越办越兴旺。

祖国对黄耀庭多年来坚持做侨务工作，以及取得的丰硕成果，也给予了充分的肯定和高度评价。祖国没有忘记他们。2008年北京举办奥运会时，国务院侨办特意邀请日本著名侨领陈焜旺、黄耀庭、林同春等来北京参观。2009年10月1日新中国成立60周年国庆庆典时，亦邀请黄耀庭等侨领出席。当黄耀庭站在国庆观礼台上观看雄壮的阅兵仪式和游行队伍时，内心十分激动，他说，作为身在异乡的中华儿女，看到祖国日益强盛，心中备感自豪、骄傲和喜悦。

（原载于《台声》2010年8月刊）

旅日台胞中杰出的爱国侨领

在日本东京，有若干由台湾同胞组成的爱国团体。如留日台湾华侨民主促进会（1948—1950）、东京华侨总会（1946年至今）、留日台湾省民会（1974年至今）。这些团体凝聚了一批优秀、干练的台胞侨领。历史上，他们曾经团结近五万人的旅日华侨台胞，不畏美国占领军、日本右翼、国民党当局等势力威胁，发动了多次波澜壮阔的拥护新中国、维护华侨权益、中日友好及两岸和平统一等的斗争，取得了辉煌成就。

留日华侨民主促进会中的爱国侨领

1945年8月，日本战败投降，旅日华侨欢欣鼓舞，纷纷成立各地华侨总会。1947年，在台湾发生了为反抗国民党腐败统治、歧视压制的"二二八"起义。旅日台胞对国民党的镇压屠杀极为愤怒。他们看到中国共产党的节节胜利，一批爱国进步的台湾同胞及大陆籍侨胞，把反对国民党、解放台湾、建立新中国的期望，寄托在中国共产党身上。

1948年，在东京的留学生组织"民主中国研究会"，掀起学习中国革命的热潮。杨春松、刘明电等多位思想进步台胞也响应中国共产党的号召，欲组织民族统一战线，迎接中国革命胜利的到来，并于1948年10月16日举行华侨民主促进会（简称"民促会"）成立大会，参与的是华侨各界活跃人士。大会选出第一任委员长为刘明电。"民促会"以反帝、反封建、反官僚资本主义，支持祖国的解放战争，促进华侨团体民主化为纲领，并以宣传、扩大组织，确立财政为自身工作方针。1949年7月10日，第二届会员代表大会上选出甘文芳、吕漱石、康鸣球、曾森茂、李铁夫、蔡锦聪、陈焜旺、曾永安、刘启盛、于思洋、博仁、刘永鑫、邱绍棠、董锦昌等15位中央委员，甘文芳当选第二任委员长，刘明电、杨春松为顾问。

华侨民主促进会的成立引起旅日华侨界的巨大反响，各地纷纷成立民主团体，并要求成立日本全国性的"民促会"统一组织。此后于1950年1月29日在东京召开了全日本华侨民主团体代表会议，2月23日，第二次代表会议确定成立留日华侨民主促进会，甘文芳当选为第一任主席。

1950年6月25日，朝鲜战争爆发，日本共产党中央委员会被解散，"民促会"也于7月遭到非法搜查，其发行的《华侨民报》也被停刊。同年10月，中国人民志愿军开赴朝鲜后，驻日美军、日本政府、国民党变本加厉地镇压华侨运动，"民促会"的活动极度困难，此后工作的重点逐渐转移到华侨总会的日常活动上。

"民促会"虽然仅存在两年多时间，但它在旅日华侨，尤其在台胞中影响深远。因为它第一个站出来公开拥护中国共产党，并学习和传播进步爱国思想。它的成员深入各地华侨总会，很多人成为旅日爱国团体中的核心力量，将爱国主义旗帜高举到60多年后的今天。

杨春松（1899—1962），台湾爱国先行者

杨春松于1926年在大陆加入中国共产党，次年返回台湾后，加入刚成立的台湾共产党，并担任台湾农民组合党组成员。1928年赴上海，在反帝同盟台湾支队工作，后于1932年被捕，获释后返回台湾。1938年，杨春松试图经日本到大陆未果，暂居东京。

1945年底，杨春松经朝鲜前往东北，见到中共东北局书记彭真等人，后于1946年4月原路返回东京。返日后，他向侨胞们介绍国内形势，呼吁为祖国的解放同心协力。同年5月，他当选为东京华侨联合会副会长。1947年"二二八"起义爆发后，杨春松代表"东总"向国民党驻日代表团提出强烈抗议，并设立"二二八"惨案处理委员会，同刘明电、甘文芳、陈承家、谢溪秋、李延禧等台籍知名人士联名向南京国民党政府发出抗议书，并举办群众集会，控诉国民党当局的残暴行径，要求严惩肇事者。1950年朝鲜战争爆发后，杨春松协助日本共产党将其领导人德田球一等人秘密转移到大陆。他本人亦于同年11月回国，在国务院侨委、外事办公室从事侨务和对日民间交流工作。1962年5月，杨春松在北京逝世，追悼会由廖承志主持，赵安博致悼词，周恩来总理、陈毅副总理献了花圈。而在日本东京，当年的老战友康鸣球、甘文芳、陈焜旺、李铁夫等也为其举行了追悼会，以纪念这位台胞爱国先行者。

刘明电，马克思主义学者，首任"民促会"委员长

刘明电曾在德国柏林大学研究马克思主义，获哲学博士学位，因其学术地位和进步思想在日本侨界备受尊重。1948年他响应中国共产党成立民主联合统一战线的号召，积极推动"民促会"的成立，并当选为第一任委员长。1949年9月，中国共产党在北平召开新政协会议时，邀请了旅居海外的华侨民主人士代表15名，日本华侨代表即为刘明电。虽然因当时条件限制，刘明电未能出席，但仍被选为第一届全国政协委员。

甘方芳，"民促会"第二任委员长

20世纪20年代在台湾成立的反抗日本帝国主义的"台湾文化协会""台湾农民组合"等组织发展很快。甘文芳作为年轻医生、有血气的知识分子，积极参加了"文化协会"活动。从30年代开始，日本殖民当局疯狂镇压和破坏台湾民主运动，甘文芳全家移居东京。移居东京后，甘文芳积极参加各侨团的创建活动，因其性格稳健、忠厚、开明，于1949年当选"民促会"第二任委员长。1950年1月"民促会"发展成为全日本统一的留日华侨民主促进会时，他即被选为首任主席。从1959年7月至1982年，甘文芳担任东京华侨总会会长23年之久，并于1954年增补为第一届全国政协委员。

曾永安（1915—1979），旅日爱国新闻人

1948年"民促会"成立时担任事务局长。1947年，在杨春松指导下与李铁夫共同组建"中国通讯社"，将中国共产党、新中国的对外新闻编译后提供给日本各大媒体、民主团体和华侨团体。1951

年，曾永安回国后担任天津市对外友好协会副秘书长，曾任第五届全国政协委员。

东京华侨总会中的爱国侨领

1946年5月，东京的台湾同乡会和华侨联合会合并成立为东京华侨联谊会，杨春松当选为副会长。另外，日本各地42个侨团代表于1946年4月成立了全日本华侨的统一组织——留日华侨总会。甘文芳当选为副会长，刘明电、曾永安、李铁夫为执行委员，刘启盛、吴修竹、蔡锦聪、陈萼芳、林清文等进入事务局。

1947年台湾"二二八"起义和1949年中华人民共和国的成立，成为旅日华侨台胞的政治转折点。1947年3月，东京华侨联合会在杨春松等带领下举办声援"二二八"起义群众大会，揭露和声讨国民党政府对台湾人民的镇压和屠杀，这次大会在全日本侨界引起了巨大反响，从此反蒋斗争占据各侨团的重要位置。1948年国民党政权在大陆节节败退，1949年10月1日中华人民共和国诞生，留日华侨总会、东京华侨联合会及中国留日同学会均发表声明，拥护新政府，把10月10日"双十节"改为庆祝中华人民共和国成立大会，大会现场一片欢乐的海洋。留日华侨总会副会长刘启盛发表了热情洋溢的讲话，热烈赞扬新中国的诞生。

1950年，败退台湾的国民党发现旅日华侨台胞转变为拥护新中国，便派何世礼来撤换善待华侨的驻日代表团团长朱世明。1951年1月，何世礼下令以"支持中共，反对国府"的罪名，撤销东京华侨联合会副会长陈焜旺的职务。但监理事联席会议中反对撤销的占绝大多数，国民党当局的企图未能得逞。1951年3月18日，何世礼召开全日本留日华侨总会会长会议，要求撤销刘启盛、于思洋（大陆籍）两位副会长职务，并恐吓要解散留日华侨总会。当时的会长林炳松和东京、大阪、神户、横滨四大分会会长找到两人，恳请两人为了保护留日华侨总会，自动辞职。从此，全日本的留日华侨总会被国民党代表团控制。

尽管如此，东京华侨总会依旧与国民党驻日代表团持续斗争。1951年4月，东京华侨联合会改称为东京华侨总会，康鸣球当选会长，陈焜旺、刘永鑫（大陆籍）担任副会长。选举前国民党驻日代表团宣布不同意陈焜旺、于思洋、陈文贵、曾森茂四位候选人，但选举结果四人均高票当选。代表团气急败坏，一方面下令"解散"东京华侨总会，另一方面拼凑伪总会并以暴力非法闯入华侨会馆，企图占据。东京华侨总会在爱国华侨、留学生的保护下并督促东京警视厅严正警告，伪总会不得不败退。在日本司法当局干预下，国民党代表团不得不停止使用非法手段。东京华侨总会经过多次较量终于胜利，度过了最艰难的时期，保护和巩固了爱国阵营的堡垒。

新中国建设需要大量人才。自1950年起，东京华侨总会和中国留日同学总会向祖国输送学成的留学生300多人。1953年新中国开始第一个五年计划，此时，在中国的日侨有4万多人要返回日本。经中日两国红十字会等相关部门协商，日本政府决定派船来访接日侨。此时，旅日的数百名华侨留学生亦要回国，在祖国政府的支持下东京华侨总会向日本政府提出，华侨留学生乘接日侨的船只回国。但在国民党当局以朝鲜战争尚未停战，乘坐"不保证安全"的威胁下，日本政府食言拒绝搭乘。对于这种出尔反尔的做法，一方面祖国政府对日本政府施加压力，另一方面要求回国的数百名华侨留学生在东京举行示威游行并到外务省静坐抗议，引起日本各界的同情和支持。日本国会请陈焜旺副会长说明双方交涉经过，日本政府被迫表示同意华侨乘船返国。回国斗争的胜利，鼓舞了全日本华侨。在东京华侨总会及各地侨团积极组织和协商下，1953年先后三批共2650名旅日华侨留学生回国参加建设，至1957年共有八批3178名华侨留学生回国，连同1953年前，回国的大约有4000名华侨留学生，占当时旅日华侨总数的十分之一。这场声势浩大的回国参加新中国建设运动，也成为中国华侨华人史上的光荣一页。

1954年11月，中国红十字会应日本红十字会邀请，派代表团赴日参访。这是新中国成立后第一个访日代表团。东京华侨总会与各地侨团联合组织欢迎代表团。使祖国的代表团成员们深受感动。1955年、1956年祖国接连派出学术代表团、贸易展览团以及京剧演出团等陆续出访日本。每次均由东京华侨总会负责接待、保卫等工作，而各地侨团也积极组织侨胞台胞参与这些活动。此时，新中国的国际地位日益提高，在日本，中日友好深入人心，这些都深深影响着旅日华侨台胞。据陈焜旺称，从1953年到1958年，旅日爱国侨团发展很快，影响力增强，国民党当局对华侨社团的控制已无计可施。

1972年9月，中日邦交正常化后，我驻日使领馆建立，爱国侨团的环境大为改观，其影响力也越来越大。随着旅日新华侨华人数量增加，东京华侨总会于1999年5月改称为日本留日华侨华人联合总会，2003年5月又改为华侨华人联合总会。而东京华侨总会保留地区侨团地位。东京华侨总会自1950年确立爱国侨团地位以来，长达60多年高举爱国旗帜，作出了大量的卓越的贡献，值得历史铭记。

其代表性人士有：

康鸣球，在东京从事商业贸易，于1948年加入"民促"。1951年5月当选为东京华侨总会会长。在与国民党驻日代表团的破坏反破坏、夺权反夺权的激烈斗争中，与陈焜旺等旅日爱国侨领站在第一线，捍卫了东京华侨总会。1954年1月他在全日本华侨协商会议上被推选为第一届全国人大代表候选人之一。在排除重重困难后，康鸣球经香港赴北京，成为代表日本华侨的第一届全国人大代表。在任职东京华侨总会会长职务的六年中，康鸣球为收回东京华侨会馆的使用权作出了卓越的贡献。

陈焜旺，1923年生于台中，自1950年27岁时当选东京华侨总会副会长，60多年来始终是旅日华侨台胞界爱国团结的核心，1982年任"东总会长"，1992年改任留日华侨联合总会第一任会长，2003年日本华侨华人联合总会成立时再次当选为首任会长。现为东京华侨总会名誉会长、日本华侨华人联合总会名誉会长。

黄文钦，1924年出生于台湾省宜兰县，20世纪50年代曾在中国留日同学总会奖学会工作，后转到东京华侨总会担任《华侨报》主编，1969年至1986年任专职副会长，后改为兼职副会长至1996年。

廖坤铜，20世纪50年代担任"东总"的事务局长，承担个别、集体回国参加新中国建设的大量具体事务，1967年至1971年担任"东总"副会长。

刘俊南，1930年出生于台湾云林。1953年任中国留日同学总会副主席，1954年出任东京同学会主席，后任"中国通讯社"编辑部长。1996年至2002年担任"东总"副会长。

吴修竹，1945年任职留日华侨总会事务局，后到东京华侨总会事务局。是旅日台胞中的"秀才"，凡是"东总"的声明、抗议书等均出于他之手。1977年至1988年担任台湾省民会副会长。

黄成台，原为东京地区自治会负责人，长期担任"东总"理事，自1982年至1990年担任"东总"理事会议长。

陈文贵，1925年生于台湾云林。1949年5月任东京同学会副主席，1949年11月和1951年7月先后出任东京同学会主席。1963年受"东总"委托组建中华书店开拓《人民中国》《北京周报》及中国图书的销售，1972年至1991年任"东总"代表董事。陈文贵性格刚烈，又是1.8米的高个子，每次"斗争"总站在最前列。曾在1955年东京"中国商品展览会"时担任"东总"组织的华侨青年保卫队队长。

留日台湾省民会中的爱国侨领

20世纪70年代，祖国的国际地位不断提高，1971年中国恢复联合国的合法席位。旅日华侨台胞都在思考，如何为祖国统一做些事情。从1972年起，旅日侨界每月举办台胞时事问题恳谈会，热烈交换意见。同年11月，恳谈会上陈焜旺讲述了周总理在接见旅日华侨华人代表时殷切期望台湾同胞为祖国统一作出贡献的讲话，获得了旅日台胞的积极拥护。1974年1月，台湾省民会成立，吕漱石、刘启盛、康鸣球、廖春木、陈敏雄、陈焜旺、吴修竹等32名旅日爱国侨领出任理事，吕漱石当选会长，吴修竹出任事务局长。此后历任会长为廖春木、刘启盛、陈敏雄、蔡庆播。1978年，台湾省民会更名为留日台湾省民会，现任会长为刘光智。

"省民会"除了定期举办恳谈会以外，亦做了不少有益于促进祖国和平统一的事业。例如，国内举办的历届体育大会上，"省民会"都积极组织旅日台胞代表团参加；每年国庆节，亦组织旅日台胞国庆庆祝团。1981年全国台联成立以来，应全国台联邀请每年派出国庆团，并协助全国台联与崇正会、横滨台湾同乡会、兵库县台湾同乡会等团体进行联谊交流。该会还从1973年7月出刊《台湾省民报》至1988年12月，共186期。

2001年7月16日至17日，"全世界华侨华人中国和平统一促进大会——新世纪东京大会"在东京隆重召开，来自全球35个国家和地区的近600名华侨华人代表参加了此次大会，台湾省民会亦积极参与其中。该会成员、留日华侨联合总会会长陈焜旺作为大会名誉主席在致辞时指出："台湾回归，不仅有利于中华民族的复兴，而且对亚洲乃至全世界的繁荣和稳定也有重要的意义。"

吕漱石，早在1948年即加入"民促会"。1951年与刘启盛等旅日爱国侨领积极筹办日本华侨经济合作社，用侨胞资金互助合作。因经营扎实、稳妥且多元化开拓，发展较快，如今该社在华侨社会中居于举足轻重的地位。吕漱石深具爱国思想，积极以合作社为据点开展台胞恳谈会，遂被选为第一任省民会会长。

刘启盛，旅日台胞中的高才生，1946年9月作为留日华侨总会经济组负责人与日本大藏省多次交涉，成功解决华侨自主决定交纳税金的问题，为旅日华侨福利作出了重大贡献。1949年5月当选为（全日本）留日华侨总会副会长，同年10月10日举行的中华人民共和国成立庆祝大会上，公开发表热情洋溢的讲话，庆贺新中国诞生。1951年3月在国民党驻日代表团强硬逼迫下辞职，随即与吕漱石组织合作社。自1977年起担任台湾省民会会长12年之久。

陈敏雄，医师，不仅口才好且颇具能力，曾多次组织台湾省民会国庆团、参访团赴国内参观。1988年至1996年担任"省民会"会长。

谢国权，受其父谢秋溪医师的影响，深具爱国思想。身为医学博士的他，1973年首次参访祖国大陆时，拿着父亲的遗影专程前往延安、韶山、井冈山等革命圣地，以弥补其父未能到访大陆的遗憾。

蔡庆播，1925年生于台湾省彰化县。青年时期积极参加东京同学会、"民促会"活动，是个活跃分子。1950年受聘到大阪《国际新闻》至1958年停刊。1976年进入日本华侨经济合作社任常务理事、理事长至2004年。从1973年起办《台湾省民报》，介绍国内及海峡两岸形势。1984年当选留日台湾省民会副会长，1996年至2004年当选会长。

（原载于《台声》2010年9月刊）

爱国　团结　和睦　友好

——我所了解的神户台胞

　　背山面海的美丽港口城市——神户市居住着近一万名旅日华侨，他们多是来自广东、福建、三江（浙江、江苏、江西）、山东、河北及东北等地，其中半数为旅日台胞。由于旅居神户的华侨多集中居住在市中心中央区，彼此熟悉，几乎没有省籍区别，互相通婚，似乎人人都是亲戚。

　　神户港是日本最大的港口，历来是日本对中国、东南亚贸易的重要枢纽，而旅居神户的台胞大多从事贸易活动。比如搞贸易的多为来自台湾、广东、福建及三江的华侨，经营菜馆则多为山东、河北及东北的华侨，福建及部分三江的华侨则多从事纺织业。据日本学者须山卓推测，1952年日本华侨总资产大约为50亿日元，其中60％为神户华侨所有，一度成为日本华侨社会的经济核心。在日本侨界颇负盛名的神户中华同文学校如今已创建110多年，仅日本战败后就已培养5000多名学子，他们不仅成为今日旅日侨胞中的中流砥柱，也为中日两国人民的睦邻友好作出了积极贡献。华侨的关帝庙、南京街等景点和春节、端午节等民俗也早已融入神户的日常生活之中。

廖文毅是最早"台湾独立"的鼓吹者之一。"二二八"事件发生后，他被圈进了通缉名单，只得仓皇出逃。其离开台湾后，在香港成立了"台湾再解放联盟"，又向联合国递交"请愿书"，要求"托管"台湾，还指使陈悟桐等人赴神户，拉拢台胞予以支持。由于旅居神户的华侨不分省籍数代和睦相处，对祖国统一、台湾回归祖国有着强烈的共识，廖文毅等人的行径遭到了多数旅日台胞的唾弃。旅日生活、创业的艰辛，也让旅居神户的华侨对待生存问题更为实际，对待政治问题普遍表现稳健。尽管也有分歧，但仍然互相理解，从未有过激烈冲突和对抗，始终和睦团结。

华侨台胞组织逐渐壮大　台胞侨领纷纷涌现

日本战败后，旅居神户的华侨台胞纷纷创建自己的组织。1945年9月，在王昭德、陈义方、蔡东兴、蔡金火等从事贸易的知识分子倡议下，神户同胞创建了神户台湾同乡会，陈义方担任首任会长。10月，旅居神户的大陆同胞也组建了神户华侨总会，首任会长为神户中华同文学校校长李万之。1946年11月，两会合并成立神户华侨总会，由李万之担任会长。由于身兼神户中华同文学校校长一职，李万之任满两届后，由台胞王昭德长期担任留日神户华侨总会会长，并创建神户华侨福利合作社。如今当年在旅居神户台胞努力下创建的神户华侨福利合作社，已发展成今天的神荣信用金库，不仅为旅居神户的华侨提供服务，也为众多旅日侨胞提供方便。

王昭德为旅居神户台胞中的实权派人物，长期担任留日神户华侨总会会长、神户华侨福利合作社理事长，此后还曾兼任神户中华同文学校理事长。

1947年，台湾发生"二二八"事件，旅居神户的台胞都很痛心，对国民党当局的暴行极为愤慨。但因环境使然，大家都是敢怒不敢言。1948年，国内战争愈打愈烈，旅居神户的华侨台胞期望停止内战，举行国共和谈，共同建设国家，以提高国际地位。于是出现神户台商、《国际新闻社》社长黄万居组织日本华侨经济代表团赴南京劝告蒋介石却无济于事的一幕。

黄万居在神户经营大信实业公司，从事对台粮食贸易，亦制造糖果，堪称日本华侨界首富。他本人热心民族教育，还兼任《国际新闻社》社长职务。其子黄耀庭深受父亲的影响，同样热衷兴办民族教育，曾任神户华侨总会会长，现任日本中华总商会名誉会长、神户中华同文学校名誉理事、中华全国台湾同胞联谊会名誉顾问。

1948年，随着国内局势的转变，旅居神户的华侨将目光转向中国共产党。12月，在旅居神户的文化人士、知识分子倡议下成立了神户华侨文化经济协会，陈义方担任会长，蔡宗杰担任事务局长，成员大多数为旅居神户的台胞。在神户华侨文化经济协会成立的同时，还发行了会刊《华侨文化》，用以提升华侨文化及介绍国内外形势。同年年底，受东京成立的进步华侨民主促进会影响，神户亦成立神户华侨民主促进会，成员中有文化人士、知识分子、商人、学生，如担任负责人的陈义方及林水永、蔡宗杰、林丽韫（当时尚是学生）等人都是神户台胞中的代表人物。

而早在1945年即成立的神户同学会，也是当时旅居神户华侨中的爱国进步组织，如陈仰臣、白东荣、蔡德基等台胞都曾担任过该会总干事。在神户中华同文学校校友会及神户中华青年会也涌现出众多的爱国青年学生，他们组织读书会，学习毛泽东的《新民主主义论》及美国记者埃德加·斯诺撰写的《西行漫记》等进步书籍。

1949年9月21日，毛泽东在中国人民政治协商会议第一届全体会议开幕式上"中国人民从此站起来"的讲话，激起了爱国华侨台胞心中聚积已久的爱国之情。1949年10月1日，中华人民共和国成立。旅居神户的爱国华侨台胞不满国民党当局控制的留日神户华侨总会，从1952年起纷纷退出，以示抗议。其中如陈桂全、李全仓、庄得渊等旅居神户的爱国台胞，更积极响应中国共产党的号召，在台胞中广泛传播"解放台湾"的心声。1953年3月，国民党当局主办的《"中央日报"》记者王时，在日本媒体大肆渲染：神户同学会、同文学校校友会、神户中华青年会三团体成员是"赤色分子"，亦从反面证实了这些青年学生的爱国之情及寻求进步的思潮勃发。而此时的新中国，正朝气勃勃、蒸蒸日上，经济飞速发展，国际地位日益提高。为响应祖国的号召，从1952年起，旅居神户的华侨台胞踊跃回国参加新中国建设。据不完全统计，截至1956年，共有600多人回国参加新中国建设，他们当中有不少是为新中国建设、中日两国世代友好作出积极贡献的旅日台胞，如林丽韫、杨国庆、黄世明、陈亨、王达祥、陈瑞华、林国本、吕招治等，爱国华侨积极返国投身于新中国建设，也成为新中国爱国华侨史上浓墨重彩的一页。

1954年和1957年，中国红十字会访日代表团先后两次赴神户看望当地华侨台胞，当代表团的成员们面对着手持五星红旗热烈欢迎他们的华侨台胞们时，也被华侨台胞深深的爱国之情所感动。时任副团长的廖承志当即发表了热情洋溢的讲话。他表示，理解旅日华侨台胞的处境，不必勉强升挂国旗，国旗不一定挂在门口，挂在心中即可。他也勉励大家，学生搞好学习，商人做好生意。廖承志的这番话说出了大家的心意，在场的每一位华侨台胞都给予了热烈的掌声。

1957年，旅居神户的爱国华侨台胞倡议成立爱国进步团体——神户华侨联谊会，陈义方担任首任会长，林水永、蔡振辉、蔡送来担任副会长，陈通、林清木、庄得渊担任监事。联谊会中汇聚了一大批旅居神户的爱国台胞，他们与东京华侨总会及散布在日本各地的联谊会密切配合，进行了轰轰烈烈的反蒋运动、捍卫旅日华侨台胞的正当权益及推进中日友好等大量积极而富有成效的爱国活动。此后，陈恒华、陈通、林水永等人都曾领导过联谊会的工作，坚持团结爱国运动传统。

陈义方早在日本战败前，即投身于反对日本殖民统治的"台湾文化协会"，积极从事民族解放运动。日本战败后，他曾担任台湾省民会首任会长，后任神户华侨信用合作社副理事长、神户华侨文化经济协会会长、神户华侨民主促进会会长及神户中华同文学校副董事长等职。1953年11月，他也作为护送旅日华侨台胞集体回国的乘船代表，与侨居日本各地的20多位华侨代表一起出席了在北京中南海怀仁堂召开的侨务扩大会议，受到中央领导的接见。

林水永是旅居神户的著名爱国台籍进步人士。1948年积极推动成立神户华侨民主促进会。1957年更积极策划成立"反蒋爱国"的华侨联谊会。1953年7月他作为护送遇难烈士遗骨代表团成员赴北京，受到廖承志等中央领导接见。其女林丽韫于1952年由日本回国，曾担任中共中央对外联络部局长、中华全国台湾同胞联谊会创会会长，现任海峡两岸关系协会顾问。

蔡宗杰自1948年开始担任神户华侨文化经济协会及华侨民主促进会事务局长，做了大量积极而富有成效的工作。此后蔡宗杰还担任大阪华侨总会副会长兼大阪台湾问题恳谈会召集人。

兴办民族教育大业，台胞积极捐款出力

在日本华侨华人界颇负盛名的神户中华同文学校，是于1899年在著名政治家梁启超"华侨必须重视教育"的倡议下由神户华侨自筹资金创办的。一百多年来，学校以"团结友爱、互敬互助"为校训，旨在通过民族教育，培养华侨子弟对祖国的正确认识和热爱，在德育、智育、体育各方面取得健全发展。

日本战败后，担任校长的李万之设立特别班，招收旅居神户的台胞子弟149名补习中文，当年的这些台胞子弟，如今已是旅居神户台胞中的中流砥柱。

1948年，由于学校内的爱国教员使用香港、日本等地教材教授中

国近现代历史，引起国民党当局的恼怒。1955年，国民党当局"侨务委员会"要求该校：拥护"反共抗苏"政策；改组董事会；由董事会择聘相关教职员；接受从台湾指派的教员授课。该校对此不置可否。1957年，同文学校酝酿修建校舍，国民党当局驻大阪代表处提出，以撤换校长李万之、教务主任李荫轩为条件，提供3000万日元的建设资金。对此，学校董事会表示，捐款不应附带条件；学校教育应保持中立。面对国民党当局的施压，同文学校校友会及家长纷纷表示，反对政治干涉。尽管如此，国民党当局依旧表示，撤换校长李万之、教务主任李荫轩职务，并表示如不接受，不准建设校舍，也不准举行募捐活动，还将照会日本地方政府及银行对该校贷款不予支持。面对国民党当局的骄横，旅居神户的华侨台胞随即掀起强烈的抗议之声。李万之对民族教育及学生成才的全心全意和他高尚的品德受到神户华侨台胞的充分信任和支持。旅居神户的华侨台胞团结一致，排斥政治干涉，随即开展维护民族教育、建设校舍的募捐活动。为此同文学校董事会还专门选出五位募捐活动组织人，即李万之、陈德仁、林同春、林康秀和李义招。在这场声势浩大的募捐活动中，也涌现出许许多多感人的故事。在神户经营港口仓库业的旅日台胞李义招当即表示，即使今生因为募款之事没法再回到台湾，也要募款建校。陈德仁、林同春、黄耀庭等同文学校理事纷纷带头捐助巨款用来建校。神户博爱医院院长郑义雄除捐款外，还自告奋勇为同文学校担任义务校医，负责全校师生的身体健康。

国民党当局控制的时任留日神户华侨总会会长王昭德，因当局与神户华侨的对抗而自动请辞同文学校董事长一职，其间也没有为难学校董事会改组活动。据李万之校长后来回忆，当时神户台胞中许多人因顾忌国民党当局，要求在不透露名字的条件下为学校捐款。最终在神户华侨台胞的共同努力之下，募捐活动非常成功，总款项高达1.4亿日元，同文学校新校舍也于1959年10月举行了落成典礼。

国民党当局的强力干涉，反而促使了神户华侨台胞更加坚定地兴办民族教育。为了使学校教学形势保持稳定，学校董事会决定校内不升挂任何旗帜，中华人民共和国侨务办公室为学校的捐款也始终没有公布，当时的这种表面"中立"的态度无疑保证了学校的正常教学。据1959年的统计，神户华侨共8490人，而神户中华同文学校的学生即有1104人之多，成为当时五所旅日侨校中最大的一所。

旅日台胞为中日两国搭建交流之桥

1972年9月，中日两国实现邦交正常化；1973年，中华人民共和国在东京设大使馆；1976年，在大阪设总领事馆。中日两国之间实现的邦交正常化，也让旅居神户的华侨台胞欢欣鼓舞。曾有部分旅居神户的台胞因支持新中国而被国民党当局撤销"护照"，随着中日两国的邦交正常化，他们也堂堂正正地领到了中华人民共和国的护照，得以走向世界，开拓自己的贸易实业，而神户中华同文学校也终于悬挂起华侨台胞们期盼已久的五星红旗。

1976年5月30日，在同文学校举行的神户华侨会员大会中，全神户2300户华侨台胞中，竟有1853人到会参加，大会一致选举李万之校长为神户华侨总会会长，同年9月23日举行的神户华侨总会与神户华侨联谊会团结统一临时会员大会中，选举出21名理监事，他们也一致通过由同文学校校长李万之正式担任神户华侨总会会长一职。

此后，神户各省同乡会纷纷成立。1972年，兵库县江苏省同乡会成立；1973年，兵库县台湾同乡会成立；1982年，兵库县广东同乡会成立；1983年，兵库县山东同乡会成立；1983年，恢复三江会馆；1986年，兵库县浙江省同乡会成立。过去国民党当局不准神户华侨成立同乡会组织，1971年5月，林同春倡议成立神户福建同乡会时，即受到国民党当局驻大阪总领馆的反对和干扰。随着中日两国邦交正常化，已不再有障碍。同乡会的成立也为侨居神户的大陆各省籍旅日华侨和大陆家乡省份建立起联系，不仅纷纷派出家乡探访团，还积极支援家乡建设，兴建学校。

中日两国邦交正常化也让旅居神户的台胞活跃起来。黄耀庭出身于当年由李万之校长特别设立的同文学校特别班。热心于民族教育的他，曾先后担任神户华侨幼稚园理事长15年、神户中华同文学校理事长15年。通过经营大信实业，他将在大陆开展贸易取得的利润用于民族教育事业、团结爱国旅日台胞。20世纪70年代，黄耀庭曾担任神户华侨联谊会副会长，1973年兵库县台湾同乡会成立后，即辞去联谊会副会长职务，转任兵库县台湾同乡会副会长。1976年、1985年，黄耀庭先后带领同乡会副会长陈瑞麟及其他同乡会正副会长赴北京，并受到时任中共中央对台工作领导小组组长邓颖超的接见和勉励。此后接任同乡会会长的徐灿生亦多次参加国庆观礼团，组织旅居神户的台胞赴祖国大陆参观访问。很多旅日台胞，如陈仰臣、白东荣、施丽源、纪清波、林添池、林天民等人还将自己的子女送到祖国大陆参观访问。

神户台胞作家陈舜臣，从20世纪60年即在日本出版多本畅销书。1973年，陈舜臣访问北京，无奈当时敦煌尚未对外开放参观，此后在时任国侨办主任廖承志的特批之下于1975年如愿成行。陈舜臣回到日本后，其撰写并配有众多图片的《敦煌之旅》随即成为日本当年的畅销书。1977年，陈舜臣又经天山南路到访新疆喀什，此后由这段旅行写成的《丝绸之旅》轰动日本。也由此日本广播协会（NNK）与中国中央电视台合作拍摄电视纪录片《丝绸之路》而闻名全世界。此后，陈舜臣每年都到访祖国大陆各地，撰写了大量关于中国历史文化的著作，如《鸦片战争》《太平天国》《中国五千年》《小说十八史略》等，先后获得日本文坛众多奖项。

神户华侨台胞在中日两国友好事业上亦作出许多贡献。如1973年，神户市与天津市缔结友好城市。尤其值得一提的是，1982年日本兵库县板井知事率领访问团赴广州，随行访问的就有多位旅居神户的华侨台胞，如神户华侨总会领导人李万之、林同春、文启赋、杨胜美等侨胞及台胞黄耀庭、李金全、白东荣、石嘉成等人随同访问。此次访问也为1983年兵库县与广东省缔结友好城市打下了坚实的基础。1990年兵库县与海南省缔结友好县省关系时，旅居神户的华侨台胞也为此做了大量的工作。

提高华侨社会地位　促进两岸交流

　　1989年，旅居神户的爱国台胞黄耀庭当选为神户中华总商会会长。1991年，他赴新加坡参加第一届世界华商大会后，即萌发申请世界华商大会在神户举办的想法。1999年，在黄耀庭等人的倡议之下成立了日本中华总商会。2001年，他被选为神户华侨总会会长，此后又被选为日本中华商会会长。由此开始了长达七年的申请世界华商大会的历程。2007年9月，第九届世界华商大会在日本神户举行。大会取得了全面成功。神户市也因大会的成功举办，提高了名望，华侨台胞在神户市的社会地位再次得以提高。

　　神户台胞在促进两岸关系中也有着自身独特的优势。早在1994年，黄耀庭就在老朋友时任亚东关系协会代表林金茎的安排下得以返回台湾探亲访友。黄耀庭曾说："我在台湾出生，两岸都属于一个中国，属于同一个中华民族。我们作为海外华侨，应更加努力彼此团结、互相来往。"凡是台湾当局政要到访神户，黄耀庭总是设宴款待，以礼相待。2008年12月，时任中国国民党主席吴伯雄访问神户孙文纪念馆时，该馆副理事长林同春、常务理事石嘉成等与日方一起共同接待。尽管神户两个华侨总会有争执，但更有交流。1989年留日神户华侨总会会长林绪堂就曾担任神户中华会馆理事，1995年1月17日，日本关西地区发生了7.3级的阪神大地震，两个华侨总会协力救助灾民。

　　虽然自改革开放以来，旅日华侨、华人急速增加，但神户因地域有限，华侨华人增加并不多。但可喜的是，旅居神户的台胞第二代、第三代已成长起来，正在继承老一代爱国主义的光荣传统，为华侨社会作出贡献。

郑正秀是博爱医院院长，继承了其父郑义雄的事业，成为兵库县台湾同乡会会长，热心于两岸交流，时常亲自带领台湾同乡会参访团访问祖国大陆。陈正和现任神户信用金库理事长，其父为该行常务理事陈新喜。他从1994年第一次参加国庆45周年参访团到北京后，亦常来往于海峡两岸。陈来幸既是兵库县县立大学教授，又是孙文纪念馆副馆长，研究旅日华侨史颇有成就。其祖父陈通曾任华侨联谊会会长，其父陈仰臣曾任神户同学会总干事、神户华侨总会常务理事。陈明德曾当选全国青联委员，现任神户华侨总会副会长。其父陈金财是神户华侨总会理事。

本文行将结束时，必须要提到的是神户华侨总会原副会长台胞石嘉成。他早在1952年即参加神户同学会走上爱国道路，曾任神户华侨青年会总干事。1964年赴神户华侨联谊会工作。从1971年到2004年担任神户华侨总会唯一的专职副会长，配合李万之、林同春、黄耀庭三代会长工作长达35年之久。协调神户40多个侨团的工作，与东京乃至日本全国各地的侨团共同发起爱国团结、捍卫正当权益的斗争，承担了大量工作。作为台胞的他，更为关注两岸关系的和平发展，早在1984年两岸尚未开放时，他即与日本旅行社合作，多次安排岛内台胞乡亲经日本赴大陆探亲参访，推动两岸民间交流。他为中日两国友好事业亦做了大量工作，于2004年获得兵库县国际协力功劳奖。从1952年至2004年，石嘉成从事爱国团结工作长达50年，可以说他也见证了中日两国关系的风潮云起和两岸从武力抗争到和平发展的历程。

（此稿承蒙石嘉成先生提供大量珍贵资料才能写成，

特此表示深切的谢意）

（原载于《台声》2010年10月刊）

"台湾结"与"中国结"融合的愿望定会实现

——纪念戴国辉先生逝世 10 周年

2011年是著名台籍历史学者戴国辉先生逝世10周年。自1988年我与戴教授相识于东京，至他2001年离世，前后十多年的时间，常与他一起探讨两岸关系的未来。在戴教授众多两岸关系的论述中，关于"台湾结"与"中国结"融合的愿望令我感触至深。今年是戴国辉教授逝世10周年、80岁冥诞。作为著名台籍学者，他热爱台湾，更热爱中华民族，一生都期盼着中华民族的大融合、大团结。

作为戴教授的老朋友，在纪念他逝世10周年之际，写下此文，以追思这位全国台联所尊敬的乡亲、朋友、学者。

"台湾结"与"中国结"

1935年，戴国辉出生于台湾桃园县平镇乡的一户客家家庭。1955年赴日留学，1966年以论文《中国甘蔗糖业之展开》获东京大学农学博士学位，此后转为研究台湾近代史问题。旅日40年间，由于台当局将其列入"黑名单"，他长期不得返回故乡台湾，一个人孤寂地、苦心地、认真地、严肃地在日本，以"隔离的智慧"、敏锐的眼光，以"内在自由的崭新境界"，观察着台湾近代史，记录着历史的发展，陪伴他的只有其夫人林彩美女士。

戴国辉教授的视野辽阔，涉猎广博，从史学、文学、经济、政治到国际关系，著述内容从"二二八"事件"台湾新文学""雾社事件"、台湾少数民族研究，以及台湾"戒严"时期的"白色恐怖"不一而足。

戴教授是客家人，祖籍广东梅县，同众多老一代台湾乡亲一样，从小受日本殖民统治欺压，后又经历"二二八"事件。他常说，"命运和心路历程赋予我'客家情结''台湾情结'，以及超越这两者之上的'中国情结'，这种存在是正当的，无可非议的。"我们从他的自述中，可以清楚地看到为什么他一贯反对"台独"，主张"台湾结"升华并与"中国结"融合的深层次心愿。

早在1987年，戴国辉就在其论文《我的"中国结"与"台湾结"之争论》一文中，明确论断："'台独'产生的根源是光复后接管台湾的国民党当局的腐败无能和对台湾民众的疯狂镇压。"他进而指出："从历史看，'台湾结'与'中国结'不存在分歧、对立或对抗的问题。"在日本"皇民化"统治分化下，有些台湾乡亲在"中国结"的情感支配下远赴大陆投身革命，有些则留在岛内坚持民族认同，进行民族反抗运动。有部分台湾乡亲在日本"皇民化"运动毒害下陷入"否定性自我同定"。戴国辉认为，1945年日本投降后，台湾光复而重新归属中国，给这种"否定性自我同定"可能转变为"肯定性自我同定"绝好的机会。

但可悲的是，当时的国民党当局不仅没有对台湾民众长期遭受日本殖民统治的痛苦给予同情和理解，相反却歧视台湾民众，极端地腐败与残酷地专制，及至"二二八"事件中对台湾民众的疯狂镇压，加之此后从1950年至1953年的"政治肃清"风暴，台湾中产阶级和知识分子相当苦闷。这也使得一些台湾乡亲的"台湾结"向反面发泄，表现在台湾内部则是隐藏和怨结。

希冀两岸大融合

从20世纪80年代初，戴国辉教授开始探讨"台湾结"走向反面的危害。他曾撰文指出近几年（20世纪80年代初期）"台湾民族论者""台湾意识"或"台湾意识至上"者高喊"台湾人优秀论""台湾文学高水准论"等论调。令他担忧这些"拟似种族化"急激心态的恶性发展。他指出，尽管这些主张是常年饱受委屈和压抑的反击，但随着一些现象与局面的浮现，令人忧虑再一次惹出类似"二二八"事件的风暴。如果到了那种局面，台湾是担当不起的。

戴国辉对"台独分子"煽动"台独"意识的激烈行为十分担忧，一方面指出其危险后果，另一方面以台湾历史人物为例，劝告坚持"台独"倾向的乡亲不要走"台独"之路。他也举例吴浊流、杨逵等台湾作家具有一定程度的"台湾情结"，但丝毫没有主张过"台湾民族论""台湾独立"，这值得我们后辈和年青一代深思。"'台湾结'这种低层次的情结应该向更高层次升华，在升华中呈现它更开阔的、更大格局的情结，并发扬光辉才是理想的境界。"

戴国辉认为，"大多数'台湾人意识'至上主义者，因难于自拔，更不易自我提升，不能自主地从困局或窄路走向更宽阔的自我同定的大道。"因此，他将解决此问题的途径寄托在两个方面，一是在当时开始走向"民主化""本土化"的台湾执政当局，期望当局对"中国结"提出更开阔、更革新的自我同定概念，以便为"台湾结"升华并与"中国结"结合创造条件；另一是学术界能否对"中国结"架构内部提出更开阔、更革新、更富于普遍性理念的中国的、中华民族的、中国人的自我同定概念，来整合台湾民众的自我概念。他认为，更迫切的客体可能与如何有效地开导"台湾结"由负转化为正，然后把正的"台湾结"（健康的台湾意识）与新格局、具有说服力及整合力的"中国结"（健康的中国意识）连接在一起，动员所能动员的一切力量，以开创新局面。戴国辉于1987年8月发表的论文《我观"中国结"与"台湾结"的争论》也正是他对"台湾结"升华并与"中国结"融合的一种探索。

思想独立的知识分子

戴国辉教授个性特立独行，在学术上亦讲究独立自主，在各种问题的看法上有着自己独特的观点，不受政治派别的影响。20世纪60年代位于东京的"台湾青年独立联盟"劝其加入，他依然拒绝。进入70年代他公开批评"台独"有关"台湾民族"的说法，以及利用美国国会议案干涉台湾人权的做法。同样，他也批评台湾当局各种不是之处。

自从20世纪80年代初，看到反面的"台湾结"在岛内走向激荡后，他对台湾的前途忧心忡忡。1988年，我赴日参访，经旅日台胞介绍与戴教授相识，并以全国台联副会长的身份邀请他来大陆参访。1991年，戴国辉教授应全国台联邀请到大陆参加"海峡两岸关系研讨会"。谈及此，也让我回忆起当时研讨会上的一幕。那次研讨会经过几场论文发表、自由发言讨论后，戴教授突然起身，不留余地地批评当时与会的部分大陆专家、学者。他说："你们做研究不深入，掌握资料太薄弱，并且，你们论点太八股，太拘泥于政策所限。这样的学术研究，站不住脚，对于对台政策的改善也无可贡献！"虽然这样发言令当时的场面颇为尴尬，但可喜的是，从那次开会以后，戴教授不仅不为大陆专家、学者们所排斥，反而交流得更为坦诚、热络，不仅交换资料，也探讨彼此观点。此后，戴教授所执教的日本立教大学，招收了不少来自大陆研究台湾问题的留学生，他都亲自指导这些来自大陆学生的博士论文。

此后数年，戴教授和家人多次受邀到大陆旅行参观、与大陆学者进行学术交流。数次的大陆行，也让他预感到大陆未来的发展将日渐壮大，更加殷切期望大陆方面理解"台湾结"，肯定台湾某些地域特性的存在，以更开阔的心胸容纳并引导"台湾结"走向健康之路。记得他曾对我感叹，全世界人口五分之一到四分之一的是中国人，台湾问题无法解决，中国无法走上现代化的健康之路，对于世界来说也很难获得安定。他期望两岸在一个中国的大前提下一致对外，对内可以用和平手段来协商、沟通以及调适。如今回想，在

20世纪90年代初，戴教授即有如此前瞻性的展望，实在是难能可贵的。遗憾的是当时因条件所限，没有引起两岸应有的重视。

终生未了的"中国结"

1996年，戴国辉返台就任"国安会咨询委员"。如前所述，上世纪80年代后期，他曾把"台湾结"的升华寄托在当时蒋经国先生推动的"民主化""本土化"。蒋经国逝世后，李登辉执政，戴国辉期望李登辉在推行"民主化""本土化"的过程中处理好"台湾结"问题。然而，他发现其执政的实质为推行"台独"路线，并对日本殖民政权存有眷恋。随后，他毅然与其决裂，分道扬镳，以保持他的学术尊严和中国意识的立场。

此后，戴国辉严厉批判李登辉的"两国论"，指出这是"严重割裂民族情志"，指其走进没有出口、没有前瞻性，挑起族群矛盾的狭窄口子。特别是，他看到2000年台湾地区领导人选举中，陈水扁出任执政，忧心更加沉重。他即指出：台湾福佬沙文主义有"外来政权论"，这或为李登辉的"剩余价值"，如果再与陈水扁"台独意识"结合，台湾的前途更不可测。

2001年，戴国辉教授因病逝世，他的"台湾结"升华并与"中国结"融合的祈念尚未实现。然而，他所担忧的"拟似种族论"在"台独"势力的策动下愈演愈烈。"台独分子"以"本土化"为名，实则煽动族群对立，企图以此把"台湾意识"彻底"去中国化"，偷换成"台独意识"。尽管疯狂推行了20年的"去中国化"，但台湾社会依然存在健康的"台湾意识"，多数台湾民众依然认同自己"既是台湾人又是中国人"。

2004年以来，中共中央总书记胡锦涛提出对台工作新思维，明确"尊重、信赖、依靠台湾同胞"。经过国共两党及两岸人民努力，两岸关系开始走向和平发展的健康道路，而戴教授提出的"在一个中国的前提下，对外一致，对内和平协商"的构想，也正在成为两岸合作的运作模式，他多年追求的"台湾结"升华并与"中国结"融合，实现中华民族复兴的祈念，必将在两岸人民的共识和积累下逐步实现。

戴国辉教授的在天之灵，能看到今天两岸关系和平发展所取得的成果，以及未来的形势和前景，定会感到欣慰。

（原载于《台声》2011年6月刊）

辛亥革命鼓舞台湾人民策动抗日武装起义

　　1911年10月由革命先行者孙中山先生领导的辛亥革命，是20世纪中国的第一次历史性变革，这场运动推翻了清政府，结束了两千多年的帝制，传播了民主共和的观念，不仅将革命斗争进一步推向前进，而且对当时还处于日本殖民统治之下的台湾产生了深刻的影响。辛亥革命的前奏、爆发直至尾声的全过程，都不断地激励着台湾同胞开展民族主义运动，激起岛内人民推翻日本殖民统治的希望。

　　回眸台湾同胞在19世纪末及20世纪初，响应和参与孙中山领导的辛亥革命运动，开展波澜壮阔、前仆后继的"台湾光复归中华"民族革命斗争的光辉历史，对于弘扬台湾同胞爱国爱乡的光荣传统，进一步推动和平统一大业进程，具有十分重要的现实意义。

　　1911年，辛亥革命取得胜利的消息传到台湾，广大台湾同胞深受鼓舞，大家纷纷奔走相告，极大地激发了爱中华、爱祖国的革命斗志。从1907年至1915年，台湾同胞的数次抗日武装起义，均明确以推翻日本殖民统治、台湾回归祖国为目的，成为中华民族抗敌革命斗争的重要组成部分。

1907年11月蔡清琳领导的北埔起义

新竹厅北埔青年蔡清琳，怀抱"覆满兴汉"的愿望，对日本侵略者的凶暴横行尤其愤慨。他曾组织同志数百人，成立"复中兴会"，就任总裁，在中南北各地设立分会，并与"隘勇"（日人组织的把守要隘的兵士）取得联络，准备大举起义。

1907年11月14日夜半，他们宣传大陆兵马来援，传檄全台，共起抗日。蔡清琳亲自率领大坪"隘勇"及大隘社少数民族，猛袭鹅公髻日警分遣所和大平警察驻所，杀死日警等多人。15日，竖起"安民"与"复中兴总裁"旗号，攻入北埔支厅，尽杀支厅长以下警察、官吏等57人，重伤6人，北埔日人仅有2人逃脱。起义军200余人乘胜向新竹推进，在距新竹不远的水仙仑遇到赶来镇压的大队日军，匆忙退击，后起义失败，蔡清琳等9人被日本北埔临时法院判处死刑，97人处以无期徒刑或有期徒刑。随后，日在各地搜捕株连的有2000多人。

北埔起义的规模不算太大，时间也不久，但有少数民族同胞参加，是台湾汉族和少数民族同胞联合的一次起义。

1912年3月刘乾领导的林圯埔起义

1912年3月刘乾领导的林圯埔起义，是台湾农民第一次公开使用武力反抗日本大规模掠夺土地森林的起义。

刘乾是南投厅沙莲堡羌仔寮庄（今南投县鹿谷乡）人。笃信神佛，经常在宣讲佛法时，宣传反日思想，并以因果循环之理，号召台湾同胞起来反抗日本帝国主义。辛亥革命的胜利，使他更坚定了反日的信心。

南投厅林圯埔有一大片竹林，多少年来，附近农民都在那里采取造纸和编制竹手工艺品原料。日本殖民者企图把这些竹林收归官有，禁止农民采伐。得知这一消息，民众万分愤慨。1912年3月23日，南投厅新寮民众领袖刘乾，与庆兴人林启祯联合，以庆祝辛亥革命成功为名，召集南投、林圯埔一带民众，饮酒欢呼，群情激动，追袭林圯埔附近的日警派出所，杀死多名日警，缴获多种枪械和物资。后来，起义军冲下山来，准备攻打林圯埔日本警察支厅。终因敌我力量悬殊，刘乾率众退入山中。日本调来援军，搜索山地，直到月底，起义军多人被杀，刘乾与林启祯等8人被捕，于同年4月10日被判处死刑。

1913年罗福星领导的台湾光复运动、苗栗起义

1912年12月，孙中山先生获得台湾同胞响应辛亥革命的消息，派熟悉台湾情况的同盟会员罗福星等人秘密到达台湾，旨在宣传辛亥革命的成功经验，开展抗日军事斗争。

罗福星，字东亚，1886年出生于广东省镇平县，1903年随祖父回到台湾苗栗祖居地。因不堪日本殖民统治的压迫，1906年再回广东，路过厦门时，加入中华革命同盟会。回到广东任小学校长期

间，罗福星与同盟会的胡汉民（后任民国时期南京政府立法院院长）以及黄兴等结为至交。那时，台绅丘逢甲任广东省督学，命罗福星赴印尼、缅甸、马来西亚等地从事革命活动。

1911年4月，罗福星与胡汉民于黄花岗起义失败后回到东南亚。同年8月，他们受黄兴指令在印尼组织2000名华侨回国参加革命，后因辛亥革命成功，南北议和，该队解散。1912年7月，罗福星接到已任广东都督胡汉民公告，让其回台湾举行驱逐日本的革命起义。罗带领12名同志回到台湾苗栗，在台北、基隆、桃园、新竹、宜兰、台南等地宣传革命理想，结纳志士。罗福星根据当时台湾民众痛恨日本占据台湾并奴役台湾同胞的心情，明确提出"驱除日人，恢复台湾"的口号。很快建立起中国革命党（又名同盟会）台湾支部，至1913年2月已有500多名会员。

1913年3月15日，罗福星于苗栗成立"抗日志士大会"，亲自撰写《大革命宣言书》，号召广大台湾同胞驱逐日寇，争取台湾回归祖国。这场由罗福星组织指挥的受孙中山先生间接领导的台湾民族革命斗争，不久便扩大到台湾全岛，台南关帝庙、台中东势角、新竹大湖及南投等地亦相继发生准备秘密起义的事件。日本殖民当局面对以苗栗起义为首的五大起义极为震惊，"台湾总督府"立刻下令在全台进行地毯式搜索，逮捕革命党员、破坏革命总部。同年12月29日，罗福星在淡水被捕，同时也有千人遭到拘役。日本殖民当局乃称此事为"苗栗事件"，在苗栗召开临时法庭。除了苗栗罗福星外，被捕的抗日人士尚有台南关帝庙李阿齐、东势角赖来、大湖张火炉及南投陈阿荣等人，共计921人接受集中审判，罗福星等20人被判死刑。

罗福星在法庭上发表慷慨激昂的演说，控告日本殖民统治者的残暴，公然宣称起义是为了"雪国家之耻，报同胞之仇""杀头相似风吹帽，敢在世中逞英雄"。他警告日人，你们残杀我同胞，只能使台湾人更加憎恨日本，并警告"你们今后不会有安宁的一天"。1914年3月3日，罗福星在台北英勇就义，年仅29岁。临刑前，他以"牺牲血肉寻常事，莫怕生平爱自由"的英雄气概，写下了《祝我国民词》：

中土如斯更富强，
华封共祝着边疆。
民情四海皆兄弟，
国体苞桑气运昌。
孙真国手著先唐，
逸乐中原久益彰。
仙客旱沽灵妙药，
救人千病一身当！

这首诗每句的第一个字合起来是"中华民国孙逸仙救"，由此可以看出罗福星烈士追随孙中山、追求民主共和的伟大理想，一直支撑着他在辛亥革命之后把生命的烛光点燃到整个台湾，直到光明磊落地为驱除外敌、统一祖国而捐躯献命。

1915年5月余清芳等领导的西来庵起义

台湾震惊中外的西来庵起义，亦称噍吧哖起义，是一场受辛亥革命影响的由台湾革命民众发起的反日斗争。它是辛亥革命时期台湾民众反抗日本统治参加人数最多、斗争最激烈、规模最大的一次起义，也是日据时期台湾所发生的最为惨烈的抗暴运动。这场运动的领导者是余清芳、江定、罗俊等人。

余清芳亦作余清风，字沧浪，台南长治后庄人，幼时家庭贫困，受过汉文教育。17岁时正值日本占据台湾，他即参加抗日义军。失败后，长期潜伏，曾受日警署雇用为巡查补，后被开除。1908年，加入盐水港秘密结社"二十八宿会"。1909年，他30岁时因有对日不满言行，被警察送往"浮浪者收容所"监禁近三年。释放后经常往来于台南的西来庵，利用宗教活动结识了志同道合的一些反日朋友，继续宣传抗日思想，并以台南市西来庵为抗日革命的秘密基地。

罗俊是嘉义他里雾人，以行医为业。1900年参加武装抗日失败，返大陆，在福建天柱岩寺庙出家。虽持斋礼佛，但抗日之心未泯。辛亥革命爆发，他深受激励，于1914年由厦门返台，谋抗日。此时，他已年过花甲，但谈及抗日，依然斗志昂扬。与余清芳一见，两人即携手共谋抗日大计。当时约定，罗俊以台湾中北部为中心，宣传抗日，发展组织，余清芳则继续在南部活动，待时机成熟，南北则共同举事反抗日人。

江定世居台南竹头崎庄，日本占据台湾后，曾任过两年多的区长。后因与日本宪兵队发生冲突，逃避山中。10余年间，一直谋求举事反日。余清芳经人介绍，进入山中访问江定。两人互吐抗日心声，商定反日起义。余清芳先下山筹集经费，发展组织，寻找时机，江定则继续在山中发展组织，招募志士，一旦余清芳选定时机，江定即率部队下山杀敌。

余清芳与罗俊、江定结识后，即积极准备抗日行动，以修筑庙宇为名，广募捐款，秘密准备起义。1915年3月，各率同志数十人，约会于噍吧哖境内的西来庵。西来庵是台南德名庙，祀五瘟神，香火很盛。余清芳就选西来庵为根据地，集结群众，宣传抗日大义，共图起义。5月，公推余清芳为"大明慈悲国"的大元帅，江定为副元帅。暗中以孙中山为最高领袖，秘密发表抗日檄文，呼吁台湾民众举行起义，驱逐日本侵略者。台湾各地群众纷纷参加起义组织，声势浩大，遍及台南、台中、南投、嘉义、阿缑（今屏东）等地。

从6月起，日警在台南、台中、嘉义等地同时戒严，开始捕杀准备起义的志士。余清芳毫不退缩，仓促集合同志千余人，祭旗兴师。日警在嘉义竹头崎庄附近的山林里发现罗俊及同伴。罗俊拼死抵抗，但终于力屈被擒。罗俊被捕后，日本当局更大肆出动警察搜捕抗日志士。余清芳、江定得知警察全部出动，驻地空虚，7月进袭阿缑厅甲仙埔支厅，杀日本人30余名。后又攻陷南庄及阿里关派出所，杀日本人30余名，官舍仓库多被焚烧。远近农民响应参加的有3000余人，分攻四境。8月，攻克噍吧哖市街，占领当地附近高地虎头山，参加的台湾同胞愈众，声势日盛。日本人大震，急调重兵，赶来应援，血战七昼夜，滥杀无辜百姓3200余人。余清芳、江定见无法聚众坚守，决定暂时分散以避风险。8月，余清芳在台南的山谷间被捕。由于江定率众入山，日军多次搜山未果，于是采取欺骗诱降的方式诱逼江定。江定听信了日军的保证，率270人出山自首。日本当局在受降完毕，突然于深夜出动大批警察将江定等人全部逮捕。日警利用此案在台南大肆进行检举，受牵连而逮捕的有近2000余人。坚持了近三个月的起义至此被镇压下去了。总督命令在台南设特别法庭进行审判。结果余清芳、罗俊、江定以下903人被判死刑，余下被判处不等的徒刑。

8月25日至10月30日，日本人在台南又设临时法院，审判1957人，判处死刑达866人，有期徒刑453人。因如此残酷的判决引起了日本国内舆论的沸腾，日本人才被迫于1915年11月发布"特赦令"，除已处决的95人之外771人改为无期徒刑。另外，1916年逮捕的江定等272人，亦处死37人，有期徒刑14人。由于这次起义得到噍吧哖地区居民的支援，日军派出大量军警抓捕平民，除妇女外，不分老幼依次屠杀，多达3200多人，史称"噍吧哖大屠杀"。

在辛亥革命的影响之下，台湾全岛抗日革命斗争此起彼伏，一浪高过一浪，广大台湾同胞不甘心再当亡国奴，企盼台湾回归祖国的民族情怀空前高昂。其他起义还有：

1912年6月黄朝领导的土库起义

黄朝是嘉义大埤头庄人（今云林县大埤乡），一直关心革命活动，崇拜孙中山，痛恨日本殖民者的统治，他与忘年交黄老钳经常谈及孙中山先生的革命经过，并常有领导众人推翻日本暴政的想法。辛亥革命的胜利激励了他们。于是，在两人的宣传下，一支抗日队伍组织起来了，并决定在嘉义土库起事。1912年6月27日，黄朝假托玄天上帝赦令，声言将有国军100万人前来助战，鼓动群众起来反日，立誓起义。义军以菜刀等作为武器，攻击日警，占领村庄城镇，攻打嘉义城。但因义军武器落后，又缺乏必要的训练，很快就被日军镇压下去。参加起义的群众200多名被捕。9月3日，经台南地方法院审判，黄朝被处死刑，另处无期徒刑、有期徒刑若干人。

1914年5月罗阿头领导的六甲起义

罗阿头是嘉义县店仔口支厅南势庄人，一贯具有民族意识，仇恨日本侵略者。他1913年移居六甲，以打猎为生，以迷信为掩护，传谕全岛人民准备发动起义。他与罗狮、罗陈兄弟等结盟，约集志士百余人，自立为主，准备于1914年农历七月起事，首先攻占六甲支厅。因其行动被日警侦悉，罗阿头提前于5月7日夜率同志80人进攻六甲支厅，杀死日警5人，与日警发生枪战。日本殖民当局从嘉义、台南等地调来军警进行镇压，罗阿头、罗陈、罗其才等人因弹尽粮绝不支自杀于山中。

在辛亥革命的影响之下，台湾全岛一时抗日革命斗争此起彼伏，一浪高过一浪，广大台湾同胞不甘心再当亡国奴，企盼台湾回归祖国的民族情怀空前高昂。据有关史料：日据时期50年中，台湾为民族抗日斗争牺牲65万人。广大台湾同胞反抗日本侵略者的英勇事迹，发扬光大了中华民族数千年来维护国家统一的光荣历史传统，它是千百万台湾同胞用血肉之躯书写在中国近代民族革命斗争史上的光辉篇章。历史事实证明，台湾民众具有光荣的爱国主义传统，台湾民众是中华民族的优秀儿女。

（原载于《台声》2011年9月刊）

为中日恢复邦交而奉献的台湾同胞

——纪念中日邦交正常化 40 周年

新中国成立以来，有一批台湾同胞为中日两国恢复邦交、民间友好往来奉献了心力，承担了大量工作。而这些身处幕后的台籍人士却鲜为人知，在即将迎来中日邦交正常化40周年之际，记录和缅怀这些为中日两国世代友好作出贡献的台湾同胞，在两岸关系和平发展的今天，无疑具有积极的纪念意义。

新中国对日民间外交

新中国成立之初，日本政府在美国的支持下，长期奉行敌视中国的政策。1952年，日本政府在美国的促压下，同台湾当局缔结所谓"和平条约"，并与之建立"外交关系"，意图制造"两个中国"，这也为中日关系正常化设置了严重障碍。20世纪五六十年代，在毛泽东主席和周恩来总理提出的"民间先行，以民促官"的方针指引下，中日"民间外交"蓬勃发展，为两国关系正常化打下了基础。中日两国人民都渴望并致力于恢复和发展传统友谊，从经济、文化交流开始，逐步积累和创造条件，经过"以民促官"，来推动日本政府改变敌视中国的政策。"以民促官"推进了两国官方关系的改进，最终达到国家关系正常化。

当时的对日工作队伍中，经历抗日战争、解放战争的东北地区的日语干部十分有限。为了充实和加强对日工作的力量，一大批台籍人士走上了对日工作岗位。他们中有20世纪40年代台湾省升学内地大学的公派生，有"二二八"起义后为摆脱台湾当局白色恐怖来到大陆的革命青年；还有不少是50年代响应祖国号召从日本回国参加建设的台籍留学生、侨胞。党和国家很重视这些爱国台湾同胞，经过严格选拔、培养，以及在实践中的历练，发挥了他们熟悉日语、了解日本社会的优势。而这些台籍人士也在中日民间往来、对日宣传、日语教学等领域中发挥了主力和骨干作用，担负了大量工作，为中日两国的世代友好默默无闻地奉献自己的一生。

日本侵华时期，曾经利用恩威并施的手段，将居住在日本偏远地区的大批贫苦国民，以"开拓团"的名义骗至中国定居。日本战败投降后，大批日本战俘、日侨陆续返回日本，但至1952年仍有3万多名在华日侨滞留东北地区。在中国政府的呼吁下，1953年1月，由中国红十字会与日本红十字会等机构协商，从1953年3月起遣返日侨归国。当时在中国红十字会担任翻译、联络工作的是1952年从日本归国的台籍留学生蔡壬癸（台南人）。从1954年起参加最高人民检察院东北工作团到抚顺战犯管理所担负翻译工作的有组长陈弘（台北人），成员纪朝钦（台中人）、蔡铭熹（嘉义人），他们都是20世纪40年代台湾省升学内地大学的公派生，还有响应祖国号召回国参加建设的旅日台胞陈峰龙（台南人）、陈瑞华、陈妙龄（台北人）等。战犯于1956年分两批返回日本，战犯亦经过蔡壬癸安排与日方交接。这两批日本人返回后，几乎人人都以中国政府宽大、善待他们的亲身经历广泛宣传新中国欣欣向荣的新气象，以事实批驳了日美反华势力对新中国的种种污蔑，这迅速扩大了新中国在日本社会的影响，也为中日友好发展扩大了广泛牢固的社会基础。蔡壬癸后任中国红十字会副会长。

推开中日民间往来之门

日本红十字会会长岛津忠承在日中友好协会和日本和平联络会议代表以及当时在北京的日本著名和平运动人士西园寺公一等人的推动下，于日侨回国问题的商谈即将结束时，正式提出，邀请中国红十字会代表团访问日本，以感谢中国方面帮助日侨回国。由此，1954年10月，由时任中国红十字总会会长的李德全、时任侨委副主任的廖承志率领中国红十字会代表团赴日访问。作为新中国成立后的第一个访日代表团，该团所到之处均受到日本民间各界的热烈欢迎，也由此推开了中日民间友好往来的大门。

1955年1月，日本国际贸易促进协会首任会长村田省藏访华，正式邀请中国贸易代表团访问日本，商谈签订新的贸易协定。同年4月，中国贸易代表团赴日访问，并在东京、大阪举办中国商品展览，为中日民间往来发挥"以经济推动政治"的作用。而在代表团中也有两位台籍人士，曾参加抗日战争、时任《人民中国》（日文版）总编辑的康大川（苗栗人）和台湾省升入大陆大学的公派生、时任中国国际广播电台对日广播组副组长的方宜（嘉义人）。

1956年3月，在周恩来总理的亲自筹划下，中国京剧代表团一行由国家派遣，以民间形式出访日本。代表团以梅兰芳为团长，欧阳予倩为第一副团长兼总导演，团中荟萃了如姜妙香、李少春、袁世海等知名京剧表演家，阵容之强大，前所未有。代表团从东京、福冈、名古屋到京都、大阪巡回演出，在日本引起轰动，加之电视转播，观众达千万人之多，为中日文化交流开启了良好开端。当时，访问团中也有位台籍人士，就是在梅兰芳团长身边担任翻译工作的对外文委亚非拉所的苏琦（鹿港人）。

体育运动政治色彩较淡，便于开展交流。1956年4月，日本乒乓球协会邀请中国参加在东京举行的第23届世界乒乓球锦标赛，促成中国乒乓球队首次走上国际舞台。此后中国围棋代表团也于1962年7月赴日比赛。国家体委亦邀请日本众多体育代表团来访。当时在国家体委的接待人员中也有台籍人士的身影，他就是当时刚刚从日本学成回国的蔡季舟（台中人）。此后国家体委每年都接待众多日本体育代表团，人手不够时，经常借用其他单位的台胞、归侨参与接待工作。日本体育界对中国很友好，从20世纪60年代即为中国恢复在亚运会、奥运会的合法席位发挥重要作用。特别是1971年中国乒乓球队在日本邀请美国国家队访华，后来发展到1972年美国总统尼克松访华，改变了世界政治形势，后来中日两国还恢复了邦交。蔡季舟后任中国奥委会副秘书长、中国棒球协会副主席。

日本工会组织很强大，其成员近1000万人。他们与以工人阶级为领导的社会主义新中国很亲近，尤其是在日本社会党和日本共产党影响下的工会组织，每年都有大批骨干来华访问。两国工会交流也成为"以民促官"的重要领域。当时中华全国总工会国际部干部中的台籍人士陈瑞华（台北人）是最年轻又活跃的一个，后来他担任全国总工会国际部副部长。

中日恢复邦交水到渠成

随着中日两国民间友好往来的热络发展，1963年10月4日，中日友好协会正式成立，由廖承志担任会长。协会成立后，广泛邀请日本各阶层人士来华访问，当时在中日友协承担党和国家领导人翻译工作的台籍人士就有林丽韫（台中人）、吕招治（基隆人）、黄幸（台南人）、陈月霞、陈兆华（台北人）等人。

1954年，在周恩来总理的亲自关怀下，中国国际旅行社总社在北京成立。起初接待最多的就是日本友好访问团，成立当年的国庆节期间就接待了日本友人100余人，此后年年增加。在中国国际旅行社的接待人员中也有台籍人士的身影，如1949年从台湾来到大陆的著名学者陈文彬的大女儿陈蕙娟（高雄人）和从日本回国参加建设的徐宏子（台北人）。1964年，日本政府开放一般人访华，来访人员迅速增加。从1956年的1243人增加到1965年的3800多人。日本友人来到新中国，受到热情接待，观看建设成就，返回日本后广泛传播，扩大了新中国影响。

日本青年学生对中国革命的成功和新中国宏伟的社会主义建设

有着深深的憧憬和好奇。共青团及全国学联、全国青联等多次邀请日本青年学生来访。1965年8月，由中日友协、全国青联、全国学联三团体联合邀请日本41家团体500名青年学生来访，与上万名中国青年学生大联欢。当时在人民大会堂由毛泽东、刘少奇、周恩来、邓小平、彭真、贺龙、郭沫若、廖承志等国家领导人及相关领导接见并合影，这次空前高规格的接待在日本引起了极大的轰动。此后，从1965年至1972年，共7团688名日本青年学生访华。接待这些日本青年学生团，当然少不了懂日语的台籍人士，除了陈蕙娟、徐宏子两位国旅干部以外，陈瑞华、吕招治、陈月霞等人也曾借调国旅支援接待工作。

20世纪70年代初，国际形势进一步向有利于中日两国人民友好的方向发展。日本首相田中角荣组阁后顺应日中两国人民的意愿和历史潮流，决定解决中日关系问题。1972年9月，田中首相访华，与周恩来总理会谈。中方"民间外交"提出的"中日复交三原则"，与中日两国政府间谈判相呼应，达到了民间外交与政府谈判接轨的成果。1972年9月29日，中华人民共和国与日本国政府发表联合声明，宣告了中日邦交正常化。当时担任中日恢复邦交会谈及毛泽东主席与田中角荣首相会见翻译工作的台籍人士林丽韫，1952年从日本回国后就读北京大学生物系，后于1954年调入中共中央联络部，此后担任中华全国台湾同胞联谊会创会会长。周总理接见日本友人的翻译工作，大多由她来担任。参与中日两国邦交正常化会谈的还有纪朝钦、黄幸、郭平坦、陈瑞华、吕招治、陈月霞等台籍人士。

联结中日两国友好之桥

1972年，中日两国邦交正常化。隔年，我国于东京设立驻日本国大使馆，后在大阪、札幌等地设立总领事馆。在驻日大使馆、领事馆担任外交官的人士中也有不少是台籍人士，包括担任大使馆参赞的纪朝钦、蔡子民（彰化人）、黄幸、潘渊静（台北人），武官张俊发（宜兰人），一秘李玲虹（彰化人）。大阪总领事馆领事郭平坦（台南人）、吕招治。除了上述七名外交官外，还有五名台籍人士担任驻日本国记者，即《人民日报》记者陈弘，中国国际广播电台记者李顺然（台北人）、方宜，中国新闻社记者李国仁（彰化人）、杨国光（桃园人）。

中日两国恢复邦交前，尽管民间交往很活跃，但对日广播成为广大日本人民了解新中国最直接、最有效的途径。从事对日宣传，要求很高：不仅懂日语，而且要精通。旅居日本响应新中国号召回国参加建设的台籍人士独具的优势由此显现，他们中不少人经过培养，历练成为对日宣传新中国的主力和骨干。对日广播，即中央人民广播电台国际部日本组于1949年6月20日成立。其六名成员中台籍人士就有四位，组长吴克泰（宜兰人）和叶纪东（高雄人）都曾是台湾"二二八"起义的参与者，还有组员苏琦和陈真（高雄人）。陈真是台湾著名学者陈文彬的二女儿，16岁从台湾来到北京时，就在北平新华广播电台（即中央人民广播电台前身）日语组当播音员，她在对日广播主持的中国语讲座中深受日本听众的欢迎。后来国际部日本组陆续有方宜、蒋渭水儿子陈玉堂（原名蒋时钦，宜兰人）、林玉波（台北人）等台籍人士加入。1953年起，从日本回国参加祖国建设的大批台籍人士中也有不少人加入对日广播工作，如李顺然、陈荣芳（云林人）、邓健吾、邓圭吾、邱茂（台北人）、李泰然、陈妙龄、李健一（台北人）、黄仁坤、陈萼芳、曾绍德、林珠江（嘉义人）等人。也正因为这些台籍人士的加入，新中国对日广播事业迅速成长起来。当时对日广播组第一任组长吴克泰、第二任组长方宜，及第四任组长李顺然均是台籍人士。李顺然日语及业务水平颇高，很受廖公（廖承志）赞赏，后担任中国国际广播电台副总编。由于大家团结努力，中国对日广播的听众愈来愈多，听众来信一年达10万封之多。

对日宣传中，也因有了这些台籍人士，日本人民对中国的历史、文化、政治制度、经济发展、社会生活有了广泛的了解。1949年1月成立的国际新闻局（后改称中国外文局）也有不少台籍人士和日本归侨为新中国对日宣传作出积极的贡献。如创刊于1953年6月的《人民中国》（日文版）总编辑康大川，翻译蔡德基（苗栗人）、赖民姬（屏东人）及后来担任副总编辑的杨哲三（台中人）均是台籍人士。1963年创刊的《北京周报》（日文版）工作也几乎全部由台籍人士和日本归侨承担，林尚文、江重光、翁国灶、韩飞凤（高雄人）等台籍人士都曾在其中工作，日本归侨则有林国本、缪光祯、章辉夫以及李春梅、李永建、韦福弟等人。1961年成立的中央编译局日本组属中共中央宣传部代管的日语翻译机构，曾先后承担了《毛泽东选集》《刘少奇选集》《周恩来选集》《邓小平选集》

及每年全国人大、政协会议文件的日文翻译工作。当时曾在各个单位借调优秀日语翻译人才支援翻译工作，其中大多为台籍人士。林丽韫、陈弘都曾先后担任过日本组组长，吴克泰、苏琦、黄幸、邱茂、陈瑞华、吕招治、陈月霞、郭承敏（屏东人）等台籍人士亦曾承担过大量的翻译工作。1979年，中央编译局日本组改制日本处，也是由台籍人士陈弘担任处长。

中华人民共和国成立后，北京各主要高校日语教学工作几乎全部由台籍人士担当，他们也为我国培育了大量优秀的日语人才。如北京外国语大学日语系副主任甘莹（彰化人）与其夫苏子蘅（彰化人，曾任台盟中央主席）于20世纪40年代来到大陆参加革命，新中国成立后，甘莹曾在外交部工作，从1962年调至外交学院刚刚建立的日语教研室，后进入北京外国语大学日语系任副主任。她的学生包括我驻日本国大使馆大使武大伟及众多总领事如刘智刚、王泰平、吴从勇、齐江等。1964年，为加强对日工作，北京第二外国语学院日语系创立，其教员基本由台籍人士和日本归侨组成。日语系主任苏琦于1966年从对外文委调入，她亦曾是《毛泽东选集》《毛泽东诗词》翻译组中的主力骨干，该系还有卢友络（屏东人）、杨为夫、杨达夫（台中人）、吴瑛美（彰化人）、邱仲瑛（台北人）等台籍人士参与教学工作，日本归侨则有陈常好、高喜美、李翠霞、潘雪燕，老留学生有吕永和、赵世英、范清田等。由于教员日语水平较高，北京第二外国语学院的日语教学也被评价为质量上等。此校毕业生中的王毅曾任我驻日本国大使馆大使，现任国务院台湾事务办公室主任。北京大学日语系主任陈信德（台北人），其编写的日语教材尤其是日语语法教材在日语教学研究界具有权威性。他的学生包括曾任国务委员、外交部部长，现任中日友协会长的唐家璇，外交部副部长、我驻日本国大使馆大使徐敦信等人。担任国际关系学院副院长的陈明（彰化人）是台湾海基会董事长辜振甫的外甥；对外经贸大学教授杨潮光（桃园人）、副教授陈夏子（宜兰人），还有公安大学日语系副主任、副教授余秀云（彰化人）等都是台籍人士。

上述众多的台籍人士为中日恢复邦交及中日友好事业做了大量的工作。今天中日关系有巨大的发展，中日经贸往来已达3449亿美元（2011年），超过日美经贸，每年人员往来已达500万人次。看到中日关系的发展，他们感慨无限，身为台湾同胞，因能够为祖国的发展尽绵薄之力而感到自豪。虽然他们身处历史舞台的幕后，即便未曾被广泛宣传报道，但海峡两岸的中国人不会忘记他们，历史会铭记他们。

（原载于《台声》2012年7月刊）

一生为祖国和平统一作贡献

——恭贺留日台湾省民会名誉会长刘启盛先生百岁寿辰

1912年12月21日，日本著名爱国侨领、台湾省民会名誉会长刘启盛先生出生于台北。在瑞雪兆丰年的新年前夕，他迎来了百岁寿辰。在他喜庆的日子里，我撰此文，一表祝贺，二以颂扬他为祖国和平统一和中华民族伟大复兴所做出的努力。

为华侨纳税立功勋

刘启盛毕业于台北高等商业学校，是当时这家台湾经济专业最高学府的高才生。他东渡日本，二战后进入全日本华侨联合总会任经济组组长。战后日本社会混乱，战时被征用到日本务工的好几万台胞生活无着，靠摆小摊糊口，经常遇到日本地痞流氓、暴力团伙的骚扰和日本警察的欺压。因为积怨深，1946年7月19日爆发"涩谷事件"，日本警察开枪打死打伤台胞几十人。

在这种背景下，1946年7月25日，驻日本联合军最高司令部（GHQ）下令，强求旅日华侨台胞交纳税金。当时，担任联合总会经济组长的刘启盛找到日本政府大藏省税务局局长，经过多次交涉谈判，终于取得满意的结果：华侨纳税由各地华侨联合会与当地税务局交涉决定纳税额，由各地华侨联合会统一分配和收取后交给日本税务局。这样做的好处，一是排斥不合理的分担，如日本特别税、战时保险赔偿等；二是根据华侨的特殊性，凡华侨负担华侨联合会及中华学校的费用者，可以免除征税；三是华侨个人不必直接与税务局交涉，避免了许多麻烦。

刘启盛利用熟悉日本财经方面法律的优势，主动发挥他"财经高才生"的专长，为当时日本华侨在经济生活方面减负，作出了重大的贡献。

组织华侨民主促进会

二战后，中国虽然是战胜国，但国民党当局腐败无能，在日本的华侨台胞仍然遭到歧视。尤其是旅日台胞看到1947年在台湾发生的"二二八"事件，国民党对台湾人民的镇压屠杀，内心极其愤怒。与此同时，他们也看到国内解放战争节节胜利，国内城市掀起的"反内战、反饥饿"斗争如火如荼，心潮澎湃。在两方面的比较下，旅日台胞们更加关注国内解放战争形势的迅猛发展，期盼中国共产党的胜利。

在这种情形下，1948年10月，一批具有爱国进步思想的华侨台胞，如杨春松、陈焜旺、刘启盛等，开始在日本组织"华侨民主促进会"（简称"民促"），团结一批精英，明确提出支持祖国的解放战争，加强与祖国的联系，加强华侨的团结和民主化，并选出马克思主义学者刘明电博士为第一任委员长。该会组织成员学习马列主义经典著作，如《共产党宣言》《新民主主义论》等。这引起日本各地华侨的广泛反响，在大阪、神户、京都、横滨等地亦纷纷成立了"民促"组织。1949年春，在全日本华侨联合总会选举中，"民促"推荐刘启盛、于思洋（东北人）两人为副会长，实际领导该会。

1949年10月1日，中华人民共和国成立。日本华侨台胞欢欣鼓舞，决定将原定于10月10日举行的"双十节"改为庆祝新中国诞生大会。当天，上千名日本华侨台胞聚集：在东京共立礼堂，刘启盛以全日本华侨联合总会（国民党当局主管）副会长身份上台，公开发表热情洋溢的讲话，赞扬新中国的诞生，引起全场热烈鼓掌。

"民促"于1950年1月举行全日本华侨民主团体代表会议，同年2月，在第二次代表大会上决定正式成立"留日华侨民主促进会"，选出战前在台湾参加抗日"文化协会"的甘文芳医生为第一任主席，刘启盛等15人被选为中央委员。

1950年6月25日，朝鲜战争爆发。日本当局开始镇压左翼组织，"民促"亦被搜查。1950年10月25日，中国人民志愿军赴朝参战后，驻日美军、日本当局、国民党驻日机构联合起来，共同镇压进步华侨组织。此后，"民促"的大多数人转移到各地华侨联合会去发展。

今天看来，"民促"在战后日本存在时间虽然短暂，但凝聚日本华侨台胞中的爱国进步人士，为之后的日本侨界爱国团结运动打下了基础，其功劳是不可磨灭的。刘启盛先生则是当时爱国进步运动中的重要成员。

抗击国民党反动代表团的压制

面对日本侨界"反蒋爱国"运动的日益高涨，国民党当局通过在日组织及日本当局，开始加强对运动的打击和压制。

1950年，国民党当局安排"反共"情绪强硬的何世礼，替换原来驻日代表团朱世明的团长职务。之后，在何世礼的高压下，该代表团内倾向新中国的政治组正副组长吴文藻、谢南光及经济组组长吴半农等只得秘密回到祖国大陆。1951年3月，在全日本华侨联合会大会上，何世礼又无理要求罢免刘启盛、于思洋两位副会长。然而，这一次何的阴谋遭到了各地华侨联合会会长多数人的反对。会上，何世礼大发雷霆，扬言要废止华侨联合总会。在这种迫不得已的情况下，时任会长林炳松与东京、横滨、大阪、神户四大地区的会长一道找刘、于两位会长谈话。此时，刘、于为了顾全大局，以不同意林炳松为会长为由辞职。这时，何世礼还要求东京华侨总会撤换陈焜旺副会长，亦遭到大多数理事的反对。何世礼不死心，继续逼迫东京华侨总会按章程举行选举，结果陈焜旺获得压倒多数的选票，会长职务理所当然地保留了下来。何世礼还不甘心，在同年5月东京华侨总会换届选举之时，指令陈焜旺等四人不得参选，但选举结果是陈焜旺等四人再次高票当选，陈焜旺仍然被选为副会长。何世礼恼羞成怒，当场宣布"选举无效"，并让一批暴徒抢占东京华侨总会。对此，东京华侨总会会员和大部分爱国的华侨留学生对何世礼之流予以迎头抗击。同时，陈焜旺依据日本法律，立即报警，让日本司法当局派警察把这批暴徒逮捕驱赶。至此，何世礼的恶行才被制止，诡计遭到了彻底失败。

在抗击国民党代表团何世礼之流的迫害中，刘启盛坚决与陈焜旺等东京华侨总会领导人站在一起，团结一致，形成了强大的爱国进步队伍。之后，随着国内形势的发展，在日本侨界的爱国力量愈来愈强大，逐渐成为主流，到1958年以后，国民党当局便已对这股爱国力量感到无可奈何。

与此同时，1952年，刘启盛与吕漱石等人在东京新桥创立日本华侨经济合作社，为华侨台胞谋福祉。由于有刘启盛这样的财经高才生，以及吕漱石处事的稳健，该合作社长期以来稳定、健康发展，至今60余年。在日本各地10多家华侨金库、合作社几乎都倒闭的情况下，该合作社现仍然服务于侨界。

创立"留日台湾省民会"

随着祖国日益强盛，从20世纪70年代起，国际形势开始转为有利于我国国际地位的提高和祖国统一事业的发展。

自1972年1月起，日本华侨经济合作社开始每月举行一次"时事问题恳谈会"，以关心祖国统一大业为主线，以国内外形势分析、祖国大陆对台方针政策等为课题，进行热烈讨论。刘启盛思路敏捷，善于观察形势，在每次的恳谈会上都起到了积极的引导作用。

至1972年9月，该恳谈会已发展到100多人，后来改称为"台湾省侨胞恳谈会"。记得在第三次恳谈会上，旅日台胞国庆观礼团团长陈焜旺向与会者报告周恩来总理会见该团时的讲话精神，当他讲到周总理对日本台胞介绍国内外形势及对台工作情况时间长达五个小时，并着重希望台胞加强团结、为祖国统一多作贡献时，刘启盛和其他与会人员深受感动，一致认为很有必要。

于是，在吕漱石、刘启盛等人的推动下，一个以"广泛团结台湾同胞，为实现祖国和平统一而努力作贡献"的组织——"留日台湾省民会"应运而生。1973年2月，在成立筹备会议上，选出了吕漱石、刘启盛、廖春木、陈敏雄、康明球、陈焜旺、吴修丝等22名委员。1974年1月，正式举行了"留日台湾省民会"成立大会。大会选出吕漱石为第一任会长。刘启盛从1977年起担任会长长达12年之久。

留日台湾省民会成立之后，长期以来积极开展工作，为祖国和平统一建言献策。1991年7月，刘启盛盛赞中台办负责人就海峡两岸关系与和平统一问题提出的三点建议，他还呼吁国民党和其他政党组团，与中共商谈统一。留日台湾省民会还多次派团以"旅日台湾省代表团"名义，参加国内国庆观礼、全运会、亚运会等活动，推动国内和留日台湾省民会的交流交往。全国台联与留日台湾省民会，每年派代表团互访。刘启盛先生始终为留日台湾省民会工作的发展尽力尽心，并为之作出了贡献。

可喜的是，刘启盛先生等建立的日本台胞团结爱国、促统"反独"的光荣传统，也为后代继承，现任省民会会长刘光智是上世纪50年代东京华侨总会理事刘连喜的儿子，副会长苏家戒为原省民会理事苏清标之子；东京华侨总会会长廖继彦为上世纪50年代"东总"副会长廖坤铜的儿子，副会长陈庆民为原中国通讯社陈辉川的儿子……

刘启盛先生为旅日台胞团结爱国、为祖国和平统一所作出的贡献，不是三言两语就能够写完的。值此刘启盛先生百岁华诞之际，我们热烈庆贺，为侨界老前辈刘启盛先生喜迎百岁华诞而歌。亦很高兴看到，日本华侨台胞后继有人，继续高举团结爱国、促统反独大旗，为中华民族伟大复兴作贡献。

（原载于《台声》2013年1月刊）

旅日台胞爱国奋斗的足迹

一

60年前，新中国百废待兴。旅日留学生、华侨、台胞响应祖国的号召，凭着满腔热情回国参加社会主义建设。自1953年开始的集体回国高潮，先后八年多时间共有4000多名旅日侨胞回国，占当时旅日中国人总数的十分之一，而其中大部分是台湾省籍同胞。虽然他们出身不同，但皆有一个共同的理想，即把建设强大祖国作为人生至高至上的目标。60年来，这些旅日归国台胞继承了台湾同胞爱国主义的光荣传统，为建设我们的国家，促进国家完全统一和中日友好事业作出了重要的贡献。60年后的今天，我们的国家已成为世界第二大经济体，这其中也凝聚着旅日归国台胞的汗水和心血；60年后的今天，这些一直默默无闻、甘愿奉献的台籍同胞的爱国奋斗的足迹不应该被忘记。

陈丁茂：中国汽车制造业的功臣

1922年，陈丁茂出生于桃园市，后赴日本求学。1945年毕业于东京工业大学机械工程专业，1948年加入进步的留日华侨民主促进会。1949年10月1日新中国成立的消息传来，旅日华侨欢欣鼓舞。

当他听到友人说起新中国欢迎海外的中国科技人员回国工作的消息时，决心回国为新中国的建设贡献力量。

1951年7月，陈丁茂偕妻女踏上了回国的旅程。回国后经国家高教部介绍，夫妻两人被分配到北京汽车配件厂工作。此时抗美援朝战火正酣，部队急需生产一批军用摩托车专用的工装夹具。当时的北京汽车配件厂是在国民党留下的烂摊子上建立起来的，设备和技术力量都很薄弱。陈丁茂利用自己在日本学到的知识，不仅设计出专用工装夹具，还利用废旧车床及翻斗车的油压系统，改建成国内第一台拉床，将生产效率提高了40倍。1953年初即提前完成了生产1000辆军用摩托车的任务。为此，陈丁茂也荣获了北京市劳动模范的称号。

新中国成立初期，由于西方国家的经济封锁，不仅没有能力生产汽车，就连汽车配件也无法进口。陈丁茂通过查对品种，找废旧实物，对照资料试制、试装，逐一攻克技术难点。这一时期，他所领导的设计科为国家重点建设项目长春汽车制造厂成功研制出231化油器等17种配件。1961年，正值我国三年困难时期，加之中苏关系恶化，陈丁茂面对艰难没有畏惧和气馁，同时担负起领导研制东方红760型轿车和210型军用吉普车的设计、实验、试制工作。遗憾的是，由于种种原因，本来有望成为中国轿车制造起点的东方红760型轿车项目被迫停止，他对此曾数度表示惋惜。1964年，应军委总参谋部的要求，陈丁茂又担负起212型军用吉普车研制工作。经过一年多的努力，该车研制成功，其优良的性能获得专家一致好评，被广泛应用于国家社会经济发展之中。

"文革"中，陈丁茂被扣上"反动技术权威"等莫须有的罪名，直到1972年得以恢复原职。1984年，他担任北京汽车工业总公司驻日本京连株式会社代表时，不仅负责引进项目，还努力研究日本经济发展状况，为国家汽车工业发展献计献策。陈丁茂以其艰苦奋斗、无私奉献实践着为新中国建设贡献力量的心愿，也赢得了人民的信任。他曾连续五届被选为全国人大代表，连续四届被选为北京市人大代表、人大常委。还曾担任台盟北京市委副主委，为促进国家完全统一贡献心力。由于积劳成疾，肝炎转致肝硬化后，仍日以继夜工作，致使病情恶化为癌症，于1995年11月逝世，享年73岁。如果陈丁茂活到今天，看到2013年中国汽车销量已达2198.41万辆，再次蝉联产销世界第一，他该有多高兴啊。

李芳宁：中国工具磨床技术元老

1925年，李芳宁出生于台湾南投，后赴日本求学。1947年毕业于庆应大学工学院机械系。1951年在东京都牧野铣床制作所任技术员。新中国成立后，他于1953年10月携带工具磨床技术资料回国参加建设，当年12月被分配到武汉机床厂的前身——武汉机器制造厂从事设计工作。

当年李芳宁回国参加新中国建设，在东京清华寮（日据时期"台湾总督府"专门为赴日学生修建的宿舍，也称"高砂寮"）学生中引起了轰动。当时日本尚处在美军占领之下，国民党当局对留日台籍学生监管严格，学生中公开拥护新中国的还不太多。尽管私下大家都对国民党当局的倒行逆施感到愤慨，但因在台有亲人的关系，只能保持"中立"。而平时不爱说话、性情稳重的李芳宁，竟成为1953年第二批回国建设的留日学生，确实令人感慨：台湾同胞向往新中国，愿意把自己的青春和才干奉献祖国的建设事业。

1956年，武汉机械制造厂更名为武汉机床厂后，成为全国工具磨床制造专业厂。作为中国发展工具磨床的创始人之一、技术元老的李芳宁，从1956年至1988年的32年中，历任该厂工程师、主任工程师、副总工程师、技术副厂长兼总工程师，先后负责并参与研制手动、机械半自动、液压半自动、全自动专用磨床、数控机床等设备，部分产品还远销欧洲、美洲和东南亚等54个国家和地区。在他的领导下，武汉机械制造厂从一个仅能生产闸门、小五金的小厂，跃升为生产高、精、尖工具磨床的专业化大厂。

"文革"期间，李芳宁受到冲击，下放车间劳动。在艰苦的工作环境、巨大的精神压力之下，他同工人们边劳动边搞革新，完成了四项工具磨床的研制装配任务。此后，厂领导将他调回设计部门工作，参与多种新产品设计、研发。其中，由他主持设计的弧齿铣刀盘磨床升降零件钻孔加工精度，在国内取得了首次突破，并投入批量生产。李芳宁精通日语和英语，除了完成本职工作外，他还承担了大量本单位和许多外单位外语人才培训和技术资料的翻译工作，这些工作所获取的报酬均上交组织，他心中有的只是事业。1995年，厂领导安排已退休的李芳宁担任技术顾问，他把自己早年的经验写成总结材料，供厂领导和同事们参考。当他知道机床产业面临许多困难、经营日益艰难的情况后，泪流满面地鼓励老同事们说，目前困难是暂时的，国家会使机械行业振兴起来。

2005年，李芳宁于武汉逝世。他生前曾先后被选为武汉市第七届人大常委会委员、湖北省台联理事、武汉市台联副会长，还曾担任武汉市技术改造工作专家委员会委员。李芳宁一生为国家的机床工业发展作出了巨大贡献。他对国家的挚爱、对工作忘我的奋斗，不仅是旅日归国台胞的骄傲，也值得我们永远铭记。

二

自1953年，旅日台胞开始集体回国参加新中国建设，先后八年多时间中，共有4000多名旅日台胞回到祖国。1966年，"文革"爆发，一些旅日归国台胞受到冲击。在那段非常时期，他们心中的信念从未动摇，始终坚信这样的岁月终将过去。

这些旅日归国台胞的人生有过坎坷、曲折，也曾遭受误解、怀疑，蒙受委屈，家人亲属也曾因此遭受歧视，但他们从未心灰意冷。他们始终相信，"母亲也有错怪儿女的时候，个人小事还有什么不能化解"。每当有人问他们，是否曾经后悔回到祖国，他们给出的回答几乎都是一样，无怨无悔。1978年党的十一届三中全会后，遭受不公正待遇的台籍同胞先后获得平反。历经疾风骤雨后，他们依旧不悔初衷，继续为国家和人民贡献心力。

叶炳辉：无悔人生六十载

1953年，新中国成立初期，百废待兴。此时的叶炳辉也作为旅日台胞的一员回国参加建设。"文革"期间，审讯的人曾这样问他，"台湾人不回台湾，偏偏跑来大陆，是不是……"对于叶炳辉而言，回国的动机，只是想在祖国的社会主义建设和祖国统一的神圣事业中得到一个效劳的岗位。一言以蔽之，台胞向祖国

"望春风"。

1927年，叶炳辉出生于台湾新竹湖口乡，1947年参与反对国民党暴政统治的"二二八"起义失败后，被迫从台北延平学院（今台北市私立延平高级中学）退学，后赴日本东京中央大学求学。1953年11月回国参加建设的叶炳辉被分配到武汉。然而回国未满一年，武汉遭遇百年不遇的特大洪灾，情况危急。他毫不犹豫地脱下西装、皮鞋，参加防汛、挑土等抢险工作，不知熬过了多少个不眠之夜，在军民齐心努力下，武汉保住了。那一刻，叶炳辉激动得热泪盈眶。

1956年初，新中国掀起社会主义改造高潮，资本主义工商业实现全行业公私合营。此时的叶炳辉全身心投入工作，那时他的主要任务是把零散肉食从业者归口转入国营。他向肉食私营业者宣传有关政策和转入国营的优越性，描绘着社会主义道路的光明未来。由于在公私合营改造中工作突出，他被任命为武汉市第二商业局秘书股股长，还被选为武汉市江汉区第三届人民代表大会代表、归国青年代表。其间，他还积极参与筹备成立"武汉市归国华侨联合会"（简称侨联）的工作，出席了武汉市第一届归国华侨代表大会，并被选为首届侨联委员，担任组织部副部长职务。

作为台籍同胞，回国后的叶炳辉自感能为武汉社会主义建设事业作出微薄贡献而自豪，看到国家在第一个"五年计划"的推动下日新月异的变化，更是从内心感到骄傲。然而，令他未曾想到的是，1957年，叶炳辉因对工作上、社会上存在的缺点直言批评，被认定为"右派"言论，受到处分，从此度过了20年"向隅靠边"的漫长岁月。此后岁月中，虽历经运动，并未动摇叶炳辉对祖国的信心，为了坚定自己与祖国共患难同命运，他没有离开祖国，并且定居武汉结婚生子。

1976年，"文革"结束，国家重新踏上社会主义建设之路。年近50岁的叶炳辉，面对国家的新形势，没有选择消沉，而是振作起来昂首前进。为了发挥专长，为改革开放急需的外贸、科技信息服务，他在冶金、无线电、仪表、医药工业及武汉汉阳工人文化宫等多个研究所、单位担任日语人才培训教师，从此走上讲坛。在武汉市科协的大力支持下，他主导成立了"武汉科技日语研究会""武汉科技日语函授进修学校"并担任副理事长、副院长。1991年和1996年该学会和华中理工大学共同举办第一届、第三届"日语教育国际研讨会"，除了大陆各高校日语教师外，还有日本、印度尼西亚、新西兰及中国台湾、香港等国家和地区的日语学者与会。

改革开放后，叶炳辉又发挥自己的关系优势，从事国家和平统一事业，撰写过诸多满怀乡情、亲情的文章，并广受赞誉。1986年，他随全国台联出访团赴美国、巴西、阿根廷访问，广泛联谊海外台胞乡亲。还曾担任过湖北省第七届人大代表、常委、主席团成员，省台盟第三、第四届副主委，省侨联第三、第四届常委，武汉市青山区第一、第二、第三届政协委员、副主席等职务。如今叶炳辉已是87岁高龄的耄耋老者。曾有老朋友问他，回到大陆这么多年，有没有当上什么官员？他的回答简单质朴，"我回祖国不是为了做官，只是想给台湾同胞带来'春风'"。他欣赏春秋晋国贤臣介子推忠于国家的品格，更欣赏其看破功名利禄的风骨。回顾走过的人生岁月，于他而言，对于国家和民族始终有着"但令身未死，随力报乾坤"的豪迈。

余秀云：逆境中始存信念

1930年，余秀云（本名陈绣云）出生在台湾彰化八卦山脚下。老家为彰化大家族，父亲开设五金店，全家人生活幸福而富足。从小在父亲的教导之下，年幼的她内心中升腾着中国人的自尊。从国民学校毕业时，因不想考入专为日本人子弟而设的台中高女（今台中女子高级中学），转而报考彰化高女（今彰化女子高级中学）。

1947年，余秀云中学毕业不久，席卷全台的"二二八"起义爆发了。因父亲陈茂昆积极参与起义，在彰北地区早已被列入黑名单。不久后，起义失败，国民党当局大肆搜捕，尽管当时她的父亲逃过一劫，却还是在1949年3月被捕入狱，被冠以"贪污犯"罪名。十几岁的余秀云不理解，本是私营业主的父亲何来贪污罪名?

父亲的被捕改变了余秀云的一生。家里的房子和店铺全部被查封，全家人都被赶了出来。为了生计，她先在台中一所小学代课，后又进入一家商行做零工。1949年6月，面对父亲被捕、家道中落，她决心离开台湾赴日求学。经身边朋友指点，搭乘走私船，踏上了赴日之路。一路上她和女伴两人相互扶持，历尽艰辛，当年8月来到了日本。在朋友的帮助下，来到东京的余秀云住进了东京中国留学生宿舍青年会馆。那时宿舍中的同学大多反对国民党当局，拥护新中国。在这样的环境之下，余秀云也渐渐对新中国有了更多的了解。1950年10月，经过宿舍同学的日籍友人介绍插班日本大学法律系一年级，一边打工，一边求学。

1951年年底，余秀云搬进了台湾学生居住的清华寮，那时全寮30余位台湾同学对国民党当局在全岛施行的"白色恐怖"感到痛恨。这些青年学子大都参加爱国运动，拥护新中国。在清华寮的日子里，也加深了她对新中国的向往之情。1952年9月，祖国大陆给中国留日同学总会汇来"救济金"，帮助同学们完成学业。余秀云没有想到自己也领到了"救济金"，生活也因此得以稳定下来。早在1950年，清华寮就有秘密回到祖国的同学，这些同学写来的书信中对新中国美好明天的描绘触动了她。1953年6月，作为第一批集体回国参加建设的旅日华侨一员，余秀云乘坐"兴安丸"号回到了祖国。也在这年5月，余秀云的父亲被国民党当局处决，那时的她正和同学们一起抗议日本政府阻碍旅日华侨回到新中国。父亲就义的消息直到1956年才经由日本的同学辗转告诉人在北京的她。

回到祖国后，余秀云进入北京华侨补校学习汉语，准备进入大学继续学业。然而1957年她因"复杂"的经历，成了被怀疑对象。有关部门无法理解一个台湾女孩竟只身从台湾跑去日本，又从日本回到了祖国大陆。面对质疑，余秀云反驳过，不起作用，但她相信祖国，相信时间和事实会证明她的无辜。

直到1963年，在台盟总部陈文彬、徐萌山，台盟北京支部陈炳基等台胞乡亲联名向有关部门担保后，余秀云进入高校担任日语教员。这期间生活上有台籍前辈陈文彬先生的救济，当年一同回国的清华寮同学陈夏子还从每月仅有的70多元工资中拿出30元给她，同寮的符尧箕医生夫妇还让她住到家里。在那个非常时期，台籍前辈、老同学们的帮助和救济让余秀云感念至深，终身难忘。

随着"文革"结束，改革开放的到来，台胞政策逐步得到落实。1980年余秀云调入中国人民公安大学，1982年被评为副教授。工作上，她全力以赴做好日语教学工作，还担任日语教研室主任。1986年加入中国共产党。如今已经退休20多年的余秀云在北京安享晚年。回忆当年的逆境，余秀云平静地说，她没做过对不起祖国、对不起人民的事情，她始终坚信我们的国家会越来越好。

三

从1953年，旅日华侨、留学生从日本舞鹤港乘"兴安丸"号分批回到祖国参加新中国建设，截至1958年，共有3840人回到祖国。在1953年以前个别回国的有300余人，这总数达4000多人中大部分是台湾省籍同胞。如今60年过去了，这些台籍同胞回国后在各自岗位上默默无闻，尽心尽力。尽管他们曾遇到过困苦和挫折，但他们回国参加建设强大祖国的初衷始终没有改变，没有动摇，更无怨无悔。今天，我们的国家日益繁荣富强，这其中也有这些台籍同胞们的默默耕耘与付出。

刘乾隆：默默地为祖国服务

日本军国主义者发动太平洋战争后，由于日本本土缺乏劳力，殖民当局在台湾通过招工欺骗并强迫大量台湾青少年到日本工厂从事重体力劳动。

1943年，16岁的嘉义少年刘乾隆背井离乡，被骗到东京芝浦电气公司当学徒，被强迫签下五年的工作合同。每天工作近12个小时，微薄的工资、艰苦的工作环境，常常令他食不果腹。最终他和几名工友一起逃到了神户，在川崎造船厂做起了"黑工"，然而其间的经历更是不堪回首。这些终生难忘的往事，在他的心中激起对日本殖民者的民族仇恨。

1945年日本战败投降，为了生计，刘乾隆前往横滨投奔姑母。就在这个时期，他结识了台籍革命前辈谢南光先生（原名谢春木，彰化人）。此时曾担任国民政府驻日代表团政治经济组副组长的谢南光，因反对国民党的统治被代表团除名，刘乾隆为他一家四口提供住所，也得以相识相知。在与谢南光的三年交往中，刘乾隆受到了极大的影响，渐渐认识到旅日台湾同胞也有祖国，只有中国共产党才能救中国，才能解放千百万台湾同胞。从那时起，他心中激起了强烈的爱国热情，渴望回到朝思暮想的祖国。1952年，国民党当局通过日本政府意图对拒绝回台的谢南光实施抓捕。情势危急之下，谢南光经过香港辗转回国，刘乾隆也随他一同踏上了回国之路。当他踏上祖国的土地时，像离家多年的游子终于回到了父母的身边，心中激动而高兴。那一年刘乾隆25岁。

直至几十年后，刘乾隆都忘不了当时回到祖国时的激动心情。他曾立下誓言：不管遇到什么苦难，都要把自己的一生奉献给祖国。回国之初，他被安排到天津市委机关工作，但他最大的心愿就是做一名工人，一名普通的劳动者。直到1956年9月，在他的请求之下，他被分配到中国茶叶总公司天津分公司工作。回国后的几十年中，刘乾隆和很多人一样既经历着国家从百废待兴到欣欣向荣的发展历程，也经受了特殊年代所带来的磨难。但无论遇到怎样的困难和挫折，他都牢记着自己的誓言，把自己的一生奉献给祖国。在天津市糖业烟酒公司茶叶加工厂工作的几十年间，从最初的业务不熟悉、生活不习惯，到因业绩突出被委任为业务负责人，还先后多次被评为天津市优秀共产党员、先进工作者，1981年还被天津市和平区选举为人民代表。他在平凡的工作岗位上默默无闻地工作了半个多世纪，也将他的一生献给了祖国的建设事业，实践着他回到祖国时的誓言。

张如玉：台湾女孩代表国家

1934年，张如玉出生在台湾省台南市，上有四个哥哥，她是家中唯一的女儿，也是最小的孩子，备受父母的疼爱。

1945年8月15日，台湾光复。张如玉至今记得，到处锣鼓喧天、张灯结彩，全台乡亲热烈庆祝台湾回归祖国。她和小朋友们一样兴高采烈地随着大人们一条街一条街地欢迎祖国来的接收官员。然而一年多后，国民党当局的腐败暴政却引发了"二二八"起义。那时正念小学六年级的张如玉目睹参与起义的台胞乡亲被军警押向刑场处决，年幼的她心中生出莫大的屈辱和悲伤。这年9月，张如玉考进台湾省立台南女子中学初中部。在校园中偶尔听闻关于共产党和大陆的消息，让她感到好奇。比如，国民党在大陆接连溃败，某个同学被怀疑是共产党而"失踪"。张如玉的二哥也"失踪"过，后来父亲托人把他保释出来。1950年，父亲病重时，二哥又"失踪"了，直到父亲去世，她和两个哥哥才从报纸上得知，二哥的遗体在运河河道被发现。

父亲和二哥相继去世，远在日本的大哥决定带着两个弟弟和小妹妹到日本继续念书。但国民党当局只批准了张如玉前往日本读书，她的两个哥哥最终留在了台湾。1951年，17岁的张如玉只身踏上了赴日求学之路，进入日本东京都立井草高等学校。在求学的日子里，她通过报纸杂志了解了更多关于祖国大陆的情况。从小，张如玉就常听父亲提及年轻时前往福建、上海、北京等地的往事，还得知老家在福建泉州，那里还有张家的祠堂。父亲的话语也加深了幼年的她对祖国大陆的情结。1955年，21岁的张如玉不顾大哥的劝阻，报名回国参加新中国建设。尽管大哥担心一个女孩前往人生地不熟的大陆无依无靠，但她早已下定决心。这年2月15日，经过几天的航程，张如玉踏上了祖国的土地。

回国之初，张如玉进入北京华侨补习学校高考预备班，隔年考入厦门大学生物系，毕业后她被分配到福建省水产科学研究所工作。1972年她所研究的鲍鱼人工产卵、孵化到幼鲍养成课题，在国内首次取得成功。此后她调任南海水产研究所负责资料翻译与编写日文水产资料工作，还承担起研究所日语教学任务。后于1979年调入水产总局外事局，后并入农业部国际合作司工作。1988年被评为高级工程师。1989年，退休后的她又被返聘工作四年，直到1993年才正式从工作岗位退休。

因个人经历和工作关系，张如玉经常代表国家参加国际农林水产领域会议、双边谈判、学术交流等活动。回国60年，张如玉感触最深的是，祖国一天比一天繁荣富强，作为昔日旅日归国台胞的一分子，她为自己能为祖国的富强贡献心力而骄傲。

四

从20世纪50年代初至60年代中期，总数4000余人的旅日华侨、留学生先后回到祖国大陆参加建设，他们中很多都是台湾省籍同胞。回到祖国大陆的60余年间，他们为建设强大祖国默默无闻、尽心尽力，如今这些旅日台胞很多都已离世。他们的后代也继承了父辈们爱国爱乡的光荣传统，在各自岗位上发光发热，为国家的繁荣富强贡献己力。他们中有的从事新闻工作，有的担任高校教学，还有些利用语言优势为中日两国友好交往贡献心力。

继承父辈爱国爱乡的一家人

——杨春松和他的七个子女

杨春松是台湾革命的先行者，1899年出生于台湾桃园县。1926年，他在武汉参加中国共产党，隔年被派回台湾从事农民运动，不久后加入甫成立的台湾共产党。他是台湾农民运动出色的主要干部，被捕三次，在1928年底的全岛大会任议长，并被选为台湾农民组合中央委员会委员长。不久被捕入狱，保释后他潜回上海，积极从事上海反帝同盟抗日活动。1932年，由于叛徒出卖，杨春松在上海被捕并被押送回台入狱，1938年刑满出狱后离开台湾，打算从日本转道去祖国大陆参加抗日战争。但自太平洋战争爆发后，日本警察对其严加监视，无法脱身，杨春松未能如愿返回中国，只能留在日本见机行事。

1945年8月抗战胜利，然而不到一年，蒋介石在美国支持和援助下发动内战。杨春松立即在日组织了"台湾同乡会""东京华侨联合会"（后来改名为"东京华侨总会"）。为建设民主新台湾，他于1946年冬在东京成立了台胞的进步组织"建新会"，并出面与日本政府交涉遣送在日战俘及劳工回国等事宜，从而协助中国劳工和战俘返回祖国。为了把中国大陆的形势准确及时地传递给旅日爱国华侨、留学生和日本人民，杨春松开始着手创建中国通讯社，于1947年年中正式宣告成立中国通讯社。按照中共中央与日共中央的协议，1947年6月在他的组织下成立了日共华侨、留日学生支部，并领导支部大力开展启蒙、组织工作，同时成立了"民主中国研究会"。1948年10月在他的组织下还成立了进步的日本"华侨民主促进会"，并于1950年2月发展成为"留日华侨民主促进会"。其间，他往返日本、朝鲜和中国大陆之间，从事日共中央与中共中央的联络等工作。同时，为把转入地下的德田球一等日共领导人和党员干部多人护送到中国，作出很大贡献。

新中国成立后，由于杨春松在旅日华侨、台胞中积极推动爱国团结工作，遭到台湾当局、日警、美国当局的追捕。1950年回到祖国大陆后，他积极投入建设新中国的热潮之中，先后在华侨事务委员会、国务院外事办公室等单位工作，在周总理和廖承志的领导下，分管接待和安排旅日归侨的工作；开辟中日民间外交，从事经济贸易和文化交流。1952年，他出席了在民主德国召开的世界和平大会。1955年以记者身份随周恩来总理参加在印尼万隆举行的第一次亚非会议，1957年又出席了在埃及开罗举行的亚非人民团结大会。1962年，为革命事业一生奔波的杨春松因患肝癌与世长辞，终年62岁。他的七个子女继承了其一生爱国爱乡的精神，在各自岗位上为国家建设和发展努力奋斗。

长子杨国光，高中毕业后于1954年赴莫斯科国际关系学院留学，1960年后在商务印书馆任编辑。此后于1963年至1983年任外文出版社编辑。1984年调任中国新闻社驻日本分社记者、首席记者，大量报道日本社会、经济和旅日华人华侨的消息。1994年退休前，被评为教授级译审。作为中国研究苏联谍海英雄左尔格的重要学者，其相关研究著作获得学界的赞扬与认可。

次子杨潮光，1953年进入北京外国语大学英文系，毕业后在对外贸易部（今商务部）从事翻译工作。1960年任教于对外经济贸易大学，历任助教、讲师、副教授、教授等职。1979年作为改革开放后第一批访问学者赴澳大利亚深造，1980年获悉尼大学应用语言学硕士学位。1985年被派往东京经济大学任客座教授，讲学一年。1999年退休后，他没有停止教学工作，先后在本校和北京科技大学、北京大学文理学院及北京国际关系学院任客座教授，还集30多年教语言学的经验，编写、出版了两门语言学英语教材，同时他受学校返聘担任了10年教学督导。杨潮光还曾被选为全国侨联委员和北京市人大代表，在担任对外经济贸易大学侨联主席期间热心侨务，尽心尽责。从2000年起享受政府特殊津贴。2010年被澳大利亚政府授予终身成就奖。

三子杨震光于1963年考入华侨大学政治系，1968年毕业。先后在安徽省东至县梅城林场、东至中学、池州地委工作。1979年经统战部安排进入台盟总部工作，1981年至1982年在中央党校台湾班学习一年。历任台盟中央办公厅主任、联络部部长等职，后于2004年退休。杨震光还曾任全国政协委员，为两岸关系发展建言献策。

长女杨芳瑛高中毕业后，响应号召，赴海南兴隆华侨农场默默无闻工作20年，1984年调到珠海拱北口岸中国旅行社工作，负责接待来访大陆的台湾同胞。曾任广东省政协委员、珠海市政协常委、珠海市台联副会长。次女杨淑瑛于华侨大学中文系毕业，曾经历农村劳动锻炼以及地方教学工作的历练，后调至上海复旦大学。先后在校图书馆、国际政治系担任采编、教学等工作。三女杨秀瑛于北京外国语大学法语系毕业后，在北京市外贸公司工作。曾任北京市人大代表、全国妇联执行委员，在本职工作中做出了出色成绩。四女杨幼瑛（杨小瑛）曾在北京市西城区委统战部工作，后随丈夫赴港工作，2002年返回北京后做专职社区工作直至退休。目前她担任北京市日本归侨联谊会副秘书长，服务于在京归侨、台胞。

杨春松的七个子女在父辈精神的影响下，都在各自岗位上默默无闻地奉献心力，他们无论是在顺境，还是逆境，始终为祖国的建设和两岸关系和平发展而奋斗。

三兄妹为中日友好贡献心力
——陈瑞华、陈月霞、陈兆华的祖国情

旅居日本神户市的陈家是一户大家庭，兄弟姐妹12人，其中陈瑞华、陈月霞、陈兆华三兄妹先后在1953年和1964年回到祖国大陆。他们多年耕耘在日语翻译的岗位上，辛勤地为中日两国人

民的友好往来默默奉献着。1973年，即中日两国实现邦交正常化的第二年，由廖承志会长率领的中日友好协会访日代表团中有六名旅日归国台胞，其中就有陈家兄妹陈瑞华和陈月霞。

1933年，陈瑞华出生在日本神户，有七个兄弟、五个姐妹。作为家中长子，幼年他进入神户中华同文学校接受中文和爱国主义教育。1953年8月，他和其他四名同学离别侨居地神户回到祖国大陆。回国后，他放弃了继续上学读书的志愿，进入中共中央对外联络部工作，1957年调至中华全国总工会，直到1994年从国际部副部长职位退休，37年中默默无闻为中日两国友好往来作出了积极贡献。20世纪50年代起，为促进中日关系发展，以民促官发展两国关系，日本工会代表团与国内相应的工会组织进行对口交流，他在其中承担了大量接待、联络、翻译工作。除了完成本单位的工作任务外，他还经常被借调到外单位担任翻译，也在这些实践中获得学习和提高。他还曾担任数届中国共产党代表大会、全国人民代表大会文件及《毛泽东选集》《毛泽东诗词》等翻译工作。1972年9月，他与妹妹陈月霞一同担任中日邦交正常化谈判中的相关翻译工作。此后，每当中日建交逢十的重要活动中，都有陈瑞华担任翻译的身影。37年的工作中，他为中日两国工会交流作出了自己的贡献。如今他早已退休，三个女儿也继承父志，都从事着中日友好的工作。

1943年，陈月霞出生在日本神户，1963年从兵库县立御影高等学校毕业后，就担任中国经济贸易展览团赴日参访、展览的翻译工作。1964年，21岁的她带着当一名优秀翻译的抱负，回到祖国大陆后进入国务院外事办公室日语组担任翻译工作。时任外事办主任的廖承志为培养年轻日语人才，安排她进入外交学会担任实习翻译，由此她的日语口译能力得到锻炼和提高。1965年在第一届中日青年友好大联欢时，她是60名翻译中年纪最小的一个。1967年5月日中友协妇女访问团来访时，她第一次承担了周恩来总理的翻译工作。

"文革"中，陈月霞被迫随丈夫迁往江苏镇江，成为当地中学教员。1972年中日邦交正常化会谈时，她担任时任外务大臣大平正芳的翻译。1978年陈月霞调回北京，进入中央编译局工作直至退休。1985年，时任共青团中央书记处第一书记的胡锦涛带领100名中国青年赴日访问，她担任翻译组负责人并担任胡锦涛的翻译。1988年4月至1989年10月，她被国家选派到日本东京大学社会科学系任客座教授，向日本学生介绍中国情况。2006年陈月霞在北京逝世。生前她还担任北京归侨联谊会副会长，为中日两国友好交往、服务旅日归侨尽心尽力。

陈兆华是陈瑞华和陈月霞的小弟弟，1949年出生。和兄长、姐姐一样，他也曾在中华同文学校学习中文。1964年11月，他随父母、姐姐回到祖国大陆后进入北京市44中学习。1969年，20岁的陈兆华响应号召，赴云南西双版纳州建设兵团参加劳动。1974年3月借调至中日友好协会担任接待、翻译工作。1976年回到北京，正式进入中日友协工作。1979年他考上北京外国语学院亚非系日语研究生班，经过刻苦学习，获得硕士学位。此后，他还先后接待日本著名画家平山郁夫，日本演员栗原小卷、宇津井健（在风靡中国大陆的日本电视剧《血疑》中饰演大岛茂）等日本文化界友人，还多次担任邓小平、叶剑英、邓颖超、江泽民、朱镕基等党和国家领导人的翻译工作。2009年，陈兆华因病在北京逝世，终年60岁。他曾说，愿将一生都投入在中日友好的事业中，为两岸关系和平发展而贡献心力。他已实现了自己的诺言。

（原载于《台声》2014年2—5月刊）

镌刻在心中的永恒纪念

——怀念我的二姐夫郑海树

去年底，由中国人民解放军总政治部联络部主持建设的无名英雄广场，在北京西山国家森林公园落成。当我从媒体报道中得知这一消息时感慨万千，因为这座无名英雄纪念广场是为纪念20世纪50年代为国家统一、人民解放事业在台湾殉难的无名英雄而建。846位烈士的英名以阴文素镌于花岗石上。这其中就有我的二姐夫、时任中共台湾省工委会台南市工作委员会书记的郑海树。

1921年，郑海树出生在台南市。20世纪40年代，从台南二中（今台南第二高级中学）毕业后赴日本留学、工作。因同为台南人，他每隔一两个月便从奈良到我们在西宫市甲子园的家中做客。他年长我12岁，为人和睦、诚恳，犹如我的大哥，我们全家人都很喜欢他，我母亲甚至想把自己的女儿嫁给他。那时他来家中做客，常常给我讲述世界历史、台湾人在日本殖民统治下的悲惨生活，他所讲述的这些历史对年少的我来说，无疑是震撼的。

台湾光复后，郑海树回到了台湾，我的父母也在1947年自日本返台。重逢后的喜悦令我母亲很高兴，写信要尚在日本未出嫁的二姐郭招治回台工作，也借此撮合郑海树和二姐的婚事。1950年3月，郑海树和我的二姐在台南成婚。然而令我们全家没有想到的是，当年11月，二姐夫就被台当局抓捕。此时我们全家才知道，原来他是中共台湾省工委会台南市工作委员会书记。那时我父亲是台南工商界颇有名望的人士，他不惜任何代价，希望托朋友把郑海树救出来，然而那位朋友明确地告诉我父亲，郑海树并非一般的中共党员，而是主要领导，最终只得在行刑前让我二姐见了他最后一面。1951年6月17日，年仅30岁的郑海树在台南被执行枪决，英勇就义。1952年，二姐自台湾来日本看望我，那时我已是早稻田大学法学院的学生。从二姐口中得知姐夫殉难的消息，看着他在狱中写下的绝命书"相信会有后来人"那一刻，我感到热血沸腾。此后，我继承了他的遗志，走上了为建设强大祖国和台湾人幸福而奋斗的人生之路。

在早稻田大学法学院求学期间，我积极参加拥护新中国的学生运动，1952年加入中国留日同学总会，历任委员、副主席、主席。1956年响应建设祖国的号召，带着妻儿，义无反顾地放弃了在日优渥生活回到祖国。回国后，党和政府对我这个台湾省籍同胞一视同仁，严格要求、耐心教育、多方培养，使我逐渐成长为有用之才。其间曾任中国旅行社总社亚非处副处长、中华人民共和国驻日本国大阪总领事馆领事等职。1985年我开始担任中华全国台湾同胞联谊会专职副会长，负责接待来自岛内外的台胞乡亲，当他们得知郑海树是我的二姐夫后，与我更为亲近。从岛内乡亲提供的台湾省保安司令部对郑海树等人的判决书影印件中，我才了解了"台南工委会案"这件震动台湾当局案件的始末，以及二姐夫郑海树的革命活动。

根据《台湾省保安司令部判决》（［40］安洁字第1187号）中记述，1950年"台南市工作委员会郑海树案"牵涉了台南县市、高雄县市、嘉义县市地区的多所学校教员及学生。这份当时呈送台湾省保安司令部总参谋长周至柔的报告有80余页，其中记述了时任台南工商实业学校教员郑海树、何川、何秀吉三人，于1947年5月在台北受命成立中共台南市工作委员会，郑海树任书记，何川负责组织工作，何秀吉负责宣传工作。至1951年11月，台南市工委会已发展37名党员，大多是学校教员、学生。同期还在台南工业专科学校（今成功大学）、台南长荣中学校（今台南市私立高级中学）等学校设立总支部及学生支部。不幸的是，1950年2月因时任中共台湾省工作委员会书记蔡孝乾被捕、背叛，台南市工委会遭到破坏。台当局以"共同意图以非法之方法颠覆政府而着手实行"的罪名对涉案37人中的33人予以判刑。其中郑海树、何川、何秀吉、邱焜棋等10人被判死刑，于1951年6月17日执行。其余涉案人员被判刑期不等。这些当年的热血青年，被枪决前到底是什么心情呢？根据台当局公布的档案照片，这些烈士在行刑前还有人露出笑容，一种令后人看起来难以释怀的笑容。

今年清明期间，我带着儿子专程前往无名英雄纪念广场悼念二姐夫郑海树，在镌刻着他名字的石碑前万分感慨。当年以郑海树为代表的烈士们，为了实现平等民主、公平正义、安定民生而献出宝贵生命，如今可以告慰英灵的是，我们的国家已成为世界第二大经济体，两岸关系也走上了和平发展之路，他们的理念正在一步步实现。英烈们，你们在九泉之下可以瞑目了。

（原载于《台声》2014年6月刊）

辑三

对台政策的思索与实践

统一强盛的祖国是台湾同胞利益的根本保障

各位同志、各位同胞：

台湾自古以来就是我们中华民族拓荒开发、生息繁衍的美丽富饶的宝岛，但也是外国侵略者垂涎三尺的地方。历史证明，只有统一、强盛的祖国才是台湾同胞安居乐业、稳定繁荣的根本保障。

清朝末期，清政府腐败无能，终于招致甲午海战的失利，于100年前的今天被迫签订了丧权辱国的《马关条约》。台湾从此沦陷于日本殖民统治的铁蹄之下，台湾人民过着被剥削、被压迫和被欺凌的黑暗日子。但是，不甘屈服的台湾同胞从没有停止过反抗斗争。而这一斗争始终是以摆脱殖民统治，回归祖国为目的，并且与祖国大陆反帝、反殖斗争息息相关。日本帝国主义侵入台湾后，台湾民众举行了多次大规模武装反抗。后来在祖国大陆反帝反封建斗争的影响下，台湾民众的抗日运动与经济、政治斗争相结合，开展了数十次激烈的民族解放斗争。日本帝国主义侵入祖国大陆后，台湾民众的抗日斗争更接连不断，不少有志气的台湾青年投奔祖国大陆直接参加抗日战争。台湾民众与祖国大陆人民共同奋斗，终于迎来了1945年10月25日台湾光复，也是台湾回归祖国的光辉日子。史实证明，日本殖民统治台湾的五十年是台湾民众饱受奴役和欺凌的

50年，同时也是台湾民众奋起反抗和追求回归祖国的50年，而且只有祖国大陆抗日战争的胜利才能使台湾民众最后摆脱殖民统治的枷锁。这是历史的总结，台湾民众永远铭记在心里。

1945年10月25日，台湾与澎湖列岛重归中国版图。人们不难理解台湾同胞当时欢喜若狂、张灯结彩、欢庆光复的心情。本来台湾同胞以为，从此可以在祖国的怀抱里安居乐业，过太平日子。遗憾的是，当时反动腐败的国民党政府用对待大陆人民一样的手段欺压和剥夺台湾民众，因而引发了"二二八"起义等一系列反抗斗争。必须指出的是，这些斗争与祖国大陆革命战争相呼应，都是以反对国民党的腐败政权、迎接新中国为目的。不幸的是，这些斗争被镇压下去。1949年以后，由于众所周知的原因，台湾又与祖国大陆隔绝40多年。但台湾民众没有忘记祖国统一、建立强大国家的意愿。他们不停地寻找机会投入到祖国大陆的怀抱，投身到建设强大祖国的行列中去。参加"二二八"起义的部分革命志士千辛万苦回到祖国大陆；台湾省教育厅派往大陆的台湾学生留下来参加革命；台湾当局征收送往大陆打内战的台湾青年投奔中国人民解放军，他们都有幸为中华人民共和国的诞生作出了贡献。接着50年代在日本、欧美的台湾知识分子响应祖国号召回国参加建设；70年代从台湾到美国留学的台湾学生通过"保钓运动"的觉醒认同祖国，其中部分人亦投入祖国建设的行列。今天，祖国大陆在中国共产党的领导下，坚持改革开放，经济迅猛发展，综合国力日益增强，国际地位空前提高。这一辉煌的成就亦凝聚着广大台湾同胞的汗水和心血。

1979年1月，全国人大常委会发表《告台湾同胞书》，明确表达了以和平方式解决台湾问题的诚意，并欢迎台湾同胞来大陆旅游、参观、探亲、投资等。由于两岸人民共同努力冲破障碍，1987年两岸开启交流。八年来，两岸的交流交往越来越广泛深入，来大陆的台胞已达700万人次，台商投资3万家总额300亿美元，经贸上台湾顺差已达数百亿美元之多。可以预见，两岸合作将有广阔的前景，祖国大陆经济高速发展给台湾经济提供更多的机遇，两岸经济互补互惠体制的初步形成，已引起世界的关注。世界银行估算大陆、台湾和香港加在一起的综合实力到21世纪20年代将名列世界前茅。无论历史经验还是现实利益，都显示出台湾的命运与繁荣同祖国大陆息息相关。然而隔离40多年，有些台湾同胞对大陆还存有误解和疑虑。今年春节前夕，江泽民总书记发表重要讲话，不仅完整系统地阐述了祖国政府有关对台方针政策，而且提出了通过谈判解决和平统一的具体步骤，再一次明确表示理解和尊重台湾民众当家做主的愿望。很显然，和平统一后，台湾同胞不仅能够真正当家做主，而且将享受祖国在国际上的崇高声望和地位。台湾经济得以持续发展，分歧矛盾得以消除。不仅台湾民众所期望的稳定和繁荣得到保障，而且彻底消除任何外国势力把台湾从祖国分裂出去的痴心妄想。统一强盛的祖国是台湾民众根本利益的保障，必将成为台湾民众的共识，并以实际行动投入到祖国统一的大业中来。

（《马关条约》签订100周年暨台湾回归祖国

50周年座谈会发言稿）

"台独"幻想的破灭

——克林顿访华对台湾前途的影响

美国总统克林顿于今年6月25日至7月3日来华进行国事访问。这是继去年10月江泽民主席成功访美之后的又一件国际大事，证实在新的形势下中美关系在建立面向21世纪的战略性伙伴关系后，迈入了一个新的发展阶段。

一、克林顿提前、专程来华进行国事访问，说明美国更加重视中国在地区和全球事务中所发挥的独特、积极的重要作用。近期在解决亚洲金融危机、伊拉克核查危机、印巴核试验，印尼动乱及朝鲜等问题上，表明中国是负责任的，是具有合作精神的，是必不可少的伙伴。美国认识到，在建立面向21世纪亚洲新秩序的过程中必须把中国置于最优先考虑的地位。因此，改善和发展中美关系对于美国而言具有重大的战略和经济利益。为此，克林顿及美国有识之士力排反华势力的干扰破坏，提前、专程来华进行国事访问。这证明美国已由中美"对抗"逐渐转向"对话"。尤其是这次克林顿访华成功，更促使美国各界对中美合作有了更大共识。美国国内产生的积极反应，为克林顿制定未来对华政策给予政治上的最大支持。因此，此次克林顿访华成功，将在美国对华政策上发挥积极作用，尽管今后美国国内反华逆流依然存在，但中美双方共同努力，加速迈向面向21世纪的战略性伙伴关系已是不可逆转的主流。

二、台湾问题是中美关系中最重要、最敏感的问题。此次克林顿访华期间，中美双方就中美关系和重大国际问题深入地交换了意见，达成了广泛而重要的共识。就台湾问题而言，美方只重申以往的立场和政策。但是克林顿于6月30日在上海市座谈时，以美国总统的身份，在公开场合第一次表明对台"三不"支持政策，即美国不支持"台湾独立"，不支持"两个中国"或"一中一台"，不支持台湾加入任何必须主权国家才能参加的国际组织。这在国际上引起很大反响，对台湾今后的前途产生深刻影响。主要是：

1. "台湾独立"之路走不通。"三不"支持政策明确排除支持任何"台独"，如台湾片面宣布"独立"，美国不会出兵保护。此事美国曾反复多次向台湾当局通报过，但台湾总有人仍抱有幻想，不相信美国会不出兵保护台湾的"独立"。那么这次不仅是美国总统公开承诺不支持"台湾独立"，而且有了战略性的实际行动。这次中美会谈中中美双方在军事合作上达成了多项协议，包括空中海上避免冲突、互派人员观察军事演习等。其中最重要的是，美方提出中美双方战略核武器互不瞄准对方，并就此达成协议。这就再清楚不过地表明，美国尤其是美国军方坚决不支持"台湾独立"，不与中国为敌。可见美国不支持"台湾独立"的意图和决心是非常坚决的。"台湾独立"之路已是走不通了。

2. "务实外交"亦行不通。过去美方表示，不支持台湾"加入联合国"。这次克林顿讲明，不支持台湾加入任何必须由主权国家才能参加的国际组织。这不仅正式表明台湾"加入联合国"已不可能，而且也否定了台湾的"务实外交"政策。这次讲话表明，美国不承认台湾为"主权独立国家"。这对于热衷搞"务实外交"、妄图取得"国家承认"，甚至幻想"重返联合国"的台湾当局是沉重的打击。

3. 台湾无法违背一个中国的原则。美国政府自1972年尼克松访华以来，始终承诺一个中国政策。这次克林顿不仅声明不支持"一中一台"或"两个中国"，而且在北京大学与中国学生对话中讲明，美国对华政策并不成为两岸和平统一的障碍，并表明美国实行一个中国的政策，主张两岸通过和平方式达成统一。尤其克林顿在香港回归一周年之际，专门访问香港特别行政区，并赞扬"一国两制"在香港很成功。这客观上表明美国对我"一国两制"的支持，承认香港"和平统一"对台湾的示范作用。

三、台湾只能在一个中国的前提下，与祖国大陆进行政治谈判。克林顿访华激烈地冲击台湾，尤其动摇了台湾现行大陆政策。台湾舆论普遍承认，美国与台湾、大陆的"平衡关系"已向大陆倾斜。一个新的国际现实与两岸关系形势摆在台湾当局面前。尽管台湾当局宣传美国对华政策没有改变，但不得不承认克林顿访华已对台湾造成冲击。台湾岛内各界要求台湾当局调整大陆政策，主张台湾当局应"全面检讨""全面改变"大陆政策，只有开放两岸全面对话，才能走出困局。看来形势所迫，台湾当局该下决心与大陆进行政治谈判，结束敌对状态了。早解决比晚解决好，只有这样才对台湾有好处，才有台湾稳定繁荣的前途。

（原载于《台联通讯》1998年7月刊）

现在是结束海峡两岸敌对状态的最佳时机

江泽民总书记在春节前夕发表的题为《为促进祖国统一大业的完成而继续奋斗》的重要讲话，系统、完整地概括了党和国家对台方针政策并提出了很有新意的八项主张。这个讲话非常重要，很及时，充满着对台湾同胞的真诚关怀。

多年来我接触了几千位台湾各界人士，能够体会他们对两岸关系的想法和看法。我想江总书记讲话中他们可能会有深刻感受的是围绕海峡两岸在一个中国的前提下正式结束敌对状态为核心的一系列问题。

十几年来在中共中央对台方针政策的指引下，海峡两岸民众共同努力开拓和发展了两岸关系。现在两岸交往交流愈来愈广泛深入，相互了解，增进共识，尤其是两岸经贸关系，包括台港经贸关系已经从1991年起成为台湾经贸盈余的首位。两岸的经济互补互利体制已形成，这种经济为先的合作关系，必将随着经济高速发展而愈来愈广泛深入发展下去。然而与这种良好势头很不相适应的是：两岸政治关系不稳定。台湾政界某些误导舆论弄得岛内人心惶惶。台工商界投资意愿降低，企业资金外流，外资投资愈来愈少，新的移民潮又出现。这些社会不稳、经济停滞的根子就在于两岸关系不正常，首先没有解决两岸敌对状态，台湾民众所要求的社会稳定、经济繁荣，显然是不可能的。这次江总书记提出在一个中国的原则下，结束两岸敌对关系的讲话很及时，对台湾来说是个机会。而且江总书记所提的建议是可行的，即在一个中国原则下通过谈判正式结束两岸敌对状态，并达成协议，共同维护主权与领土完整，并为今后发展进行规划。所以我感到两岸通过平等谈判到达成和平共处，为完成统一大业而努力的协议，将会给台湾带来新的转机。台湾各界从此不必为两岸关系时紧时松而担忧，能够安心发展经济，过着长治久安的和平生活。

江总书记郑重地向包括台湾省籍人士在内的2100万台胞以及包括台胞在内的12亿中国人民以及向全世界宣布：中国人不打中国人。我们不放弃使用武力，绝不是针对台湾同胞，而是针对外国势力干涉中国统一和搞"台湾独立"的图谋的。中国共产党的本意就是和平解决统一，但是国际形势复杂，一些外国势力想干预，必须排除与外国势力勾结的极少数分裂主义者的痴心妄想，所以不承诺放弃使用武力是必要的。江总书记很辩证地论述了此问题。如果承诺了放弃使用武力，只能使和平统一成为不可能，只能导致最后使用武力解决问题。我们的乡亲应该能够理解中国共产党这种为和平解决而所持的高度负责的态度。

现在台湾有个误会，认为我们老是在国际上"打压、封杀"台湾，台湾应该拥有与其经济地位相适应的国际地位，认为如果两岸和平相处，中共应在这些方面让步甚至帮助台湾去争取，而不应"打压、封杀"。这完全是误会，首先中国共产党向来不反对台湾在国际上发展民间性的经济、文化关系，只是反对涉及国家主权问题、涉及"一中一台"或"两个中国"的原则问题。这次江总书记又一次提出，"一个中国的前提下，什么问题都可以谈"。我相信台湾各界所关注的"国际生存空间"等问题都可以谈，只是一个原则，不违背一个中国。我想两岸坐下来谈，总是可以解决的，但是很明确，如果台湾当局违背一个中国的原则，一意孤行，去搞什么"空间""加入联合国"等，是不会得逞的。

江总书记殷切地表示，要充分尊重台湾同胞的生活方式和当家做主的愿望，保护台湾同胞的一切正当权益。台湾同胞长期被殖民统治者的外来强权统治，出头的愿望很强烈。我们充分了解台湾民众的这种心愿。中共中央、国务院多次肯定，台湾同胞当家做主的愿望是正当的。实际上，中国共产党对台政策早已明确："和平统一、一国两制。"台湾作为特别行政区具有高度自治权。祖国大陆不派人驻台。江总书记在提议正式结束两岸敌对状态之时，又一次明确表示尊重台湾同胞当家做主的愿望，其意义重大。

江总书记的讲话充满着对台湾民众的关怀，充满着对台湾民众高度负责的诚意。我希望台湾各党派，尤其是执政党对此作出积极的回应，及早采取措施，开拓两岸关系的新局面。我还劝告民进党的领导人士，作为台湾最大的在野党应该着眼于两岸关系的发展，如果不来了解祖国大陆，闭门造车拟定不符合两岸关系、违背台湾民众利益的"大陆政策"是不实际的、行不通的。江总书记明确表示，欢迎台湾各党派和各界人士来访。我们台联会是台胞的同乡会，我们愿意为台湾各党派、各团体、各界代表人士来访提供方便和服务。我们相信，台湾民众的眼睛是雪亮的，他们会从事实中知道谁维护他们的根本利益。祖国和平统一是历史潮流，台湾的各党派、各团体、各界代表人士必将在这个时代潮流面前、在台湾民众面前经受考验。我相信两岸合作、和平相处、共同繁荣、共同发展，这是海峡两岸所有中国人的共同愿望。

（原载于《人民日报》1995年2月17日）

台湾投资者的喜与忧

——全国政协组团考察闽粤台资企业后记

最近我们全国政协台港澳侨联络委员会组团到福建省、广东省的福州、厦门、珠海、中山、广州、增城、东莞等七个城市调查台资企业。我们发现，台商投资者抱着喜与忧的两种心情。喜，当然是欢喜投资以来所获得的优厚盈利；忧，是担忧今后随着大陆经济与国际接轨、产业结构合理化带来部分政策调整，会影响收益。

体现互补互惠原则

我们最大的感受是：台商投资者真会打拼，会赚钱。打拼是指克服种种困难的阻力，包括台湾当局的干扰，很快立项、签约、投产，而且经营得有条有理。赚钱，我们见面的近100位台商，参观的15家台资工厂，几乎都是赚钱的。其中一些台商在较短时间内以较小的资金获取可观的盈利。例如，在厦门的灿坤集团专门制造家电，大宗产品以Philips商标出口。它在八年前仅以投入60万美元起步，现注册资金已达6000万美元，1995年销售额达9000万美元，2000年的目标是4亿美元。这种以令人惊叹的速度发展的企业并不是一家两家，而且一些企业规模之大，亦证明大陆一些投资条件的优越。

这些台资企业不仅给自己赚钱，而且给海峡两岸经济发展的繁荣作出贡献。我们在广东省增城市看到，该市由于引进台资等企业，仅仅三四年时间里就在一片荒地上魔术般地出现现代化城市。可以说，包括台资在内的外资给祖国大陆增加了建设资金，吸引了不少劳力，增加了财政收入，促进了国民经济增长的速度。但是台资企业不单纯为祖国大陆发展作出贡献，而且为台湾的经济发展亦有很大贡献。

首先，经贸方面，台湾向包括香港地区在内的祖国大陆的出口，自从1991年起取代多年来对美贸易盈利的地位成为台湾最大的盈利地区。1994年台湾顺差多达190亿美元。其内容大多是在大陆的台资企业以在大陆赚到的钱从台湾输进生产所需要的机械设备及原材料。换句话说，如果没有台商在大陆的投资赚钱，台湾巨额贸易顺差是不会有的。其次，1988年起步的台商投资热潮实际上反映了台湾夕阳产业的软弱。由于这种劳动密集型的产业输入大陆，台湾才能够进行产业结构的升级。可以说台商到大陆的投资体现了海峡两岸经贸关系互补互惠的原则，台商的辛勤劳动带来了两岸经济繁荣和建设性互动。

台商面临新机遇

现在台商投资者对祖国大陆的部分政策调整有所担忧。这种调整虽然有可能短期内影响台资企业的收益，然而从客观上会给台商提供新的挑战和新的机遇。当前祖国大陆面临的是：国民经济与国际经济接轨。例如加入世界贸易组织（WTO），必须逐步给外资企业以国民待遇；发展国民经济必须逐步调整产业政策，包括引进外资的政策，从而有利于产业结构的合理化。就国民待遇而言，台资企业会被减少过去的部分优惠待遇，却会得到大陆市场的逐步开放，包括参与金融、商业、保险等行业。当然台资企业产品的内外销比例也会逐步调整。祖国大陆正在拟订的"九五"计划和2010年规划会让台资企业迎来更大的机遇。"九五"计划要求中国的GDP年发展速度为8%，2000年至2010年平均速度为7.2%。据消费预测，到2010年人均居民消费达到3530元，会出现一个广阔的国内市场。

至于产业政策的调整，要求今后要来大陆的台资，应考虑到大陆产业正在由劳动密集型与资金密集型产品向高新技术产品转变；工业制成品由初加工向深加工转变；大力发展第三产业，继续促进第二产业增长。从这些转变来看，应考虑选择投资范围，向电子及通信设备制造业、大型成套设备制造业、交通运输、电力工业等迈进。这些并不是小规模的投资所能成行的。

大陆重视保护台商权益

台商投资者的喜和忧亦是我们的喜和忧。我们忧的是两岸经贸关系的良性互动和发展，大陆为政者一再表明，任何情况下都要保护台商投资者的合法利益。海峡两岸的有识之士早就指出两岸经济合作不仅互惠互利，也符合世界区域经济一体化的趋势，台湾经济的发展也表明，台湾经济今后必须与大陆合作，"没有大陆市场就没有台湾的繁荣"。这次我们调查中，对各级政府重视台资企业、为台资企业提供大量服务工作的感觉较深。我们亦希望台湾当局从本身发展的需要，保护在大陆投资台商的利益，应采取些积极措施。我们相信，台商投资者不会愿意丢失大陆投资带来的新的机遇。

（原载于《香港文汇报》1995年12月25日）

两岸关系该是结束敌对、转为合作的时候了

——学习江泽民同志十五大报告的体会

江泽民同志在中共十五大报告中再次郑重呼吁：海峡两岸可先就"在一个中国的原则下，正式结束两岸敌对状态"进行谈判，并达成协议。希望台湾当局认真回应我们的建议和主张，及早同我们进行政治谈判。

我们感到江泽民同志的这个呼吁既代表着中国共产党实现祖国完全统一的历史使命感；又体现了从实际出发，实现海峡两岸的统一，可以分两步走的务实态度，充满着为包括台湾同胞在内的全体中国人民负责，努力以和平方式实现祖国完全统一的诚意和善意。

早在1995年春节前夕，江泽民同志在八项主张中第一次提出海峡两岸结束敌对状态的呼吁。当时这个呼吁得到了殷切期望结束敌对状态的海峡两岸人民的热烈欢迎和拥护。海峡两岸本应就此进行协商谈判，遗憾的是台湾当局领导人表里不一，实际进行的是加深敌对、加快分裂。这样，祖国大陆不得不向全世界表明：我们有决心、有能力捍卫祖国的主权和领土。由于台湾当局的倒行逆施，两岸关系不仅没有前进反而退步了，给台湾带来了一系列恶果——

人心惶惶、资金外流、治安恶化、投资意愿下降，等等。可以这么说，只要台湾当局领导人的主要精力和注意力用在敌对和分裂方面，台湾就不可能有安宁的日子。幻想只要台湾坚持敌视祖国大陆，就可以得到西方反华势力的支持和援助；幻想只要坚持敌视和对抗，祖国大陆就会分崩离析，能够实现台湾"独立"。现实是最公正、最客观、最无情的，我们奉劝台湾当局领导人丢掉幻想，抛弃冷战思维，正视现实。即：一要正视祖国大陆。正如江泽民同志在中共十五大报告中所阐述，祖国大陆在邓小平理论的指引下稳定、团结、繁荣、强大，将在改革开放近20年的辉煌成就的基础上迈进21世纪。祖国大陆综合国力将名列世界前茅，她的富强和繁荣是任何势力都奈何不了的。

二要正视国际形势。国际形势早已结束冷战，和平与发展是当今时代的主题。面对强大繁荣的中国，西方一些有战略观点的人士也不得不考虑把对抗改为对话，把军事对峙改为经济合作。台湾当局领导人引起的海峡两岸紧张局势不仅得不到支持，反而被这些西方务实人士指责为"错误"，当作包袱。作为中华民族一员的台湾，不应该再担任这种不光彩的角色。

三要正视台湾。台湾毕竟是只有36000多平方公里、2100多万人口的一个省，怎么能够与拥有960万平方公里、12亿人口的祖国大陆对抗？在形势的推动和两岸人民的强烈要求下，台湾当局不得不部分开放两岸的交往和交流。近十年来，台湾从包括香港在内的两岸经贸中获取顺差高达1200亿美元之多。台湾经济尽管困难重重，仍能够保持年平均5.5％的发展速度，其重要因素在于两岸经贸合作。两岸合作、互惠互利，对于台湾只有百利而无一害，怎么能够以"戒急用忍"来阻止呢？由于冷战思维和长期反共宣教的影响，台湾当局老是不信任祖国大陆，怀疑祖国大陆能否遵守诺言。我们认为香港回归最能说明祖国大陆"言必信、行必果"的高度信誉。1982年邓小平同志提出"和平统一、一国两制""港人治港"、高度自治的方针。当时香港不少人怀疑大陆能否保证不干预香港。回归的过程和回归后的香港向全世界证明，祖国大陆考虑的是香港的稳定和繁荣，保证香港同胞的根本利益。现在香港人在香港当家做主，由港人自己处理香港事务，真正做到"港人治港"、高度自治。

总之，敌对、对抗等冷战思维违背世界潮流，只能损害台湾的根本利益。只有放弃敌对改为合作才是台湾唯一正确的道路。江泽民同志语重心长地讲：台湾的前途系于祖国统一，分裂是绝对没有出路的。我们感到这是千真万确的。我们呼吁台湾各政党、各阶层人士积极响应江泽民同志的呼吁，推动两岸政治谈判。台湾当局应下定决心，早日坐下来就结束两岸敌对状态进行谈判。我们希望尽早结束敌对状态，建立和平、稳定、合作、繁荣的两岸关系，进而实现祖国的和平统一。

再过两年多就要迈入辉煌的21世纪了，让我们海峡两岸的中国人共同努力，为实现祖国的完全统一、振兴中华、共同繁荣而奋斗！

1997年

在全国政协迎接香港回归座谈会上的发言

香港回归祖国——全世界亿万中华儿女盼望已久的这一辉煌的日子终于到来了。任何一位炎黄子孙都为此欢欣鼓舞、兴奋不已。香港回归，标志着中国人民彻底洗刷了一百多年的民族耻辱；标志着我国经过改革开放，实现经济繁荣，民族团结，社会进步，国际地位空前提高；标志着我国正处在中华民族发展史上最好的历史时期；标志着祖国统一大业正在向最终实现完全的统一迈出了重大的一步。我们热烈欢呼香港回归祖国这一中华民族的伟大胜利。

我们台湾同胞，无论在祖国大陆，还是在台湾岛内，深深感到我国政府以"一国两制"方式解决香港问题时，处处考虑香港的稳定和繁荣，保护和保证香港同胞的根本利益，充满着对香港同胞的诚意和关爱。中国政府于1984年与英国政府通过谈判，以和平方式解决中国在香港恢复主权，明确实施"一国两制，港人治港，高度自治"。香港的资本主义制度不变，私有财产受到保护；生活方式不变，香港人民的权利、自由依法得到保证；法律基本不变。香港仍将是国际金融中心、经贸中心、航运中心；是独立关税区，财政税收独立；具有货币发行权，港币继续使用；还具有司法终审权。无怪乎香港同胞对回归后的香港充满着信心，说："香港的明天会更好！"

我们也相信香港回归后，这颗东方之珠会更加光辉灿烂！

我们高兴地看到，广大台湾同胞对香港回归亦欢呼，亦庆贺，也注意到台湾当局亦采取基本肯定的态度。"一国两制"本来是中国改革开放的总设计师邓小平先生针对着台湾问题提出来的。由于形势的发展，首先用于解决香港问题，接着1999年澳门亦将以"一国两制"模式回归祖国。遗憾的是，台湾当局污蔑"'一国两制'是统战阴谋"，至今仍顽固地推行所谓"分裂分治""务实外交"，搞什么"修宪"，甚至以"戒急用忍"反对台湾与祖国大陆的经贸交流和合作。台湾当局不尽力于民生民计，搞这些倒行逆施，给台湾带来一系列恶果，"黑金"渗透政界、财界层出不穷。祖国统一是人心所向，大势所趋，是不可抗拒的历史潮流。广大台湾同胞将看到香港以"一国两制"的方式回归祖国后，保持长期稳定持续繁荣的美好前景，也将从与祖国大陆的经贸合作中获得很大利益。我们奉劝台湾当局，回头是岸，回到"一个中国"的立场上，下定决心，实现两岸政治谈判，走上和平统一的道路，这样才能摆脱台湾现在的乱象。香港"一国两制"、高度自治的实践，也将给台湾同胞以示范和启示，产生强大吸引力，必将增强其对"和平统一、一国两制"的信心。我们相信：按照"一国两制"、高度自治的模式，经过包括台湾同胞在内的整个中华民族儿女的努力，祖国完全统一的伟大日子必将到来。

1997年6月

盼实现两岸政治谈判

江泽民主席1995年春节前夕的重要讲话《为促进祖国统一大业的完成而继续奋斗》发表近三周年了。三年来的实践证明，江主席八项主张的重大现实意义和长远意义被愈来愈多的人们所认识。尤其是，台湾民众从三年来正反两面经验教训的切身体会，企盼和主张尽早实现两岸政治谈判的人愈来愈多。

三年来台湾民众深深感到，台湾的稳定和繁荣离不开两岸关系的稳定和改善，因此对江泽民主席提出的政治谈判的建议有了更深刻的理解。他们认识到只有通过政治谈判结束两岸敌对状态，从而建立两岸关系良好的安全环境，才能保证台湾民众的切身利益。他们感到江主席的讲话既务实，又充满着诚意。尤其1997年香港回归的过程中，台湾民众充分体会到祖国政府在统一问题上的诚意和善意。台湾民众看到：祖国政府通过谈判，以平稳过渡实现香港回归，从而避免了激烈动荡；又以"一国两制"保证香港资本主义的社会制度和生活方式不变，从而确保香港的繁荣，"港人治港"、高度自治保证了港人治理自治范围内的香港事务。半年多来的实践证明，祖国政府考虑的是香港的稳定和繁荣，维护和保障香港同胞的根本利益。特别是对去年来的亚洲金融危机，香港充分发挥本身完整的金融制度的灵敏经营机制，加上祖国内地的支持，顶住了冲击，依然保持着亚洲和世界金融中心的地位。这又一次证明："一国两制"、高度自治的优越性以及香港和内地合作的重要性。这些无疑增强了台湾民众与祖国大陆通过政治谈判、建立稳定两岸关系的信念。

与此同时，台湾民众从台湾当局领导人的所作所为逐渐看清谁在阻碍政治谈判，为建立和睦、平稳的两岸关系制造困难。1995年江主席的讲话受到台湾民众的关注和媒体的呼应，台湾当局也表示要做出善意的回应。在这种情况下，台湾当局领导人发表"六条"意见。海峡两岸本应借这种良好气氛尽快进入结束敌对状态的政治谈判。可是台湾当局领导人，不久就跑到美国大肆制造"两个中国"，严重破坏两岸关系，从而使海协、海基会的事务性商谈也被迫停下来。1996年祖国大陆经济持续高增长低通胀，稳健发展。台湾大财团欲大举进入祖国大陆市场，强烈要求"三通"，举行政治谈判，形成对台湾当局的压力。台湾当局领导人为应付当时选举，于是放话说，一旦他当选，将把海峡两岸政治谈判作为优先考虑等。但是，他当选不久竟然来一个"戒急用忍"，对两岸经贸交流急刹车。1997年中共胜利举行十五大，接着江主席访美，中美双方就坚持"一个中国"和建立"建设性战略伙伴关系"取得共识。台湾当局感到进行两岸政治谈判的压力愈来愈大，于是多次放风表示，愿意举行海峡两岸的政治谈判。但中美会谈结束不久，台湾当局却要"必须先承认两岸分治状态"，"承认台湾是一个主权独立国家"才能谈判。台湾当局领导人甚至说什么"看不到可谈判的政治议题"。台湾当局领导人这种出尔反尔，不顾岛内各界的愿望，压制民众的呼声，一再为两岸政治谈判设置人为障碍的错误做法，引起台湾民众的严重不满。1997年11月台湾县市长选举，国民党遭到惨败，这实际上是台湾民众对台湾当局领导人三年来"不顾内政，热衷外交"，破坏两岸关系等错误做法的批评和谴责。

三年来的实践说明，两岸关系发展中的波折给台湾带来动荡不安，攸关台湾民众的切身利益。尤其两岸经贸交往迅速发展，祖国大陆成为台湾出口最大顺差地区的现实，使台湾民众充分认识到台湾经济发展必须以祖国大陆为腹地。为此，必须尽快开放"三通"，通过政治谈判建立稳定和睦的两岸关系已成为台湾民众的呼声。近期台湾媒体的调查表明，台湾民众中赞成"三通"、两岸进行政治谈判的超过一半，尤其知识阶层企盼两岸早日进行政治谈判的几近三分之二。可以说，台湾民众企盼两岸政治谈判早日实现，对此已有积极的思想准备。两岸进行政治谈判的条件已经具备。

尽早实现两岸政治谈判是两岸关系发展的需要，是两岸民众的企盼和愿望，国际社会也乐观其成。对于在台湾执政的国民党而言，是该下决心的时候了。由于该党领导人几年来的政策错误，尤其大陆政策的错误，国民党愈来愈失去民心，每况愈下。面对今年的"立委"等选举，国民党能否继续保持执政地位，如同台湾媒体所说："同大陆关系上取得重大进展，可能是国民党继续执政的最后机会。"

台湾当局领导人的时间已经不多了，应该尽早回应江泽民主席的八项主张，采取实际行动，对两岸政治性谈判表示出应有的诚意。

（原载于《人民日报》1998年1月21日）

香港、澳门回归对解决台湾问题的启示

在举国欢庆时，澳门终于回归祖国。澳门、香港的回归启示，台湾问题尽管有困难阻挠，但必将以"和平统一、一国两制"方式解决，祖国必定实现完全统一。

一、台湾、香港、澳门都是中国的固有领土，中国拥有无可争议的主权。这是回归祖国、实现"和平统一"的前提和基础。

香港是英国以强加给中国的三个不平等条约，即《南京条约》（1842年）、《北京条约》（1860年）、《展拓香港界址专条》（1898年）为依据非法占领，并宣布为英国的直辖殖民地。1949年中华人民共和国成立，中国政府宣布不承认香港是英国殖民地而是中国固有领土，并指出未因香港被英国占领、统治而改变香港主权归属中国的事实。还阐明未来时机成熟，就要收回，在收回之前维持现状。1972年中英两国正式建交。1982年中英两国政府谈判时，中国政府明确宣布不承认三个不平等条约。邓小平还明确告诉英方："主权问题不是一个可以讨论的问题。"还指出，"英国想以主权换治权是行不通的"。从而迫使英国同意于1997年7月1日由中国对香港恢复行使主权。香港已顺利回归祖国。

澳门是葡萄牙从16世纪起以种种借口和非法手段占领，曾经宣布为葡萄牙的一个省。1949年中国政府阐明澳门是中国领土，对其拥有无可争议的主权，并表明将在适当时期通过谈判和平解决这一历史遗留问题。1979年2月葡萄牙新政府鉴于全世界风起云涌的民族解放运动，宣布承认澳门是中国领土，并承诺将在适当时期通过谈判把澳门还给中国。1987年4月，中葡两国政府签署了《关于澳门问题的联合声明》，就1999年12月20日中国恢复对澳门行使主权达成一致意见，实现澳门回归祖国。

台湾是以《马关条约》（1895年）为据，被日本占领。1945年10月，经过抗日战争，根据《开罗宣言》和《波茨坦公告》，中国收回台湾，台湾恢复为中国的一个省。1949年中华人民共和国成立，蒋家父子败退到台湾。根据国际法：同一国际法主体继续存在的情况下，代表该主权的旧政权为新政权所取代。这样，中华人民共和国政府成为中国唯一合法政府，代表中国行使主权，"中华民国"已经被中华人民共和国所取代，从法律上被宣判"死亡"，再不存在。尽管蒋家父子占据台湾，但不改变台湾是中国领土一部分的法律地位，中国仍然拥有对台湾的无可争议的主权。

但是蒋家父子在美国庇护、扶植和支持下，继续打着"中华民国"的旗号，维持所谓"中华民国"代表中国的虚政治架构，并主张其"主权"仍涉及全中国。按国际法，中华人民共和国控制中国绝大部分省份，是代表中国的唯一合法政府，蒋家父子只占据台湾一个省，只能被认定为一个地方性政权，即"台湾当局"而已，根本不存在"中华民国"，更不存在"中华民国"代表全中国的事实。1971年10月，联合国第26届大会通过决议，恢复了中华人民共和国的合法席位，驱逐台湾当局的非法代表。1972年日本、1979年美国分别与中华人民共和国正式建交，接着全世界大多数国家都来承认中华人民共和国。这些国家要与中国建交，必须承认"只有一个中国，台湾是中国的一部分，中华人民共和国政府是中国唯一合法政府"。至20世纪70年代末，已有140多个国家与中国建交。这一时期斗争的焦点是由"谁代表中国"、代表中国主权的中央政府在北京还是台北？而"一个中国"的原则和台湾是中国一部分的事实始终没有改变。

1988年李登辉当上台湾当局领导人后，破坏"一个中国"原则，推行分裂独台路线，妄图搞"两个中国"，进而要"台湾独立"，严重干扰祖国和平统一的进程。李登辉于1989年先抛出"一个中国、两个对等政府"，接着于1990年胡说什么："中华民国是独立主权国家。"1992年即称"中华民国在台湾"，1994年称："中华民国和中华人民共和国是两个对等而且互不隶属的政治实体"，"在国际上互为两个平行的国际法人"。与此同时，从1990年至1997年四次"修宪"，把所谓"中华民国中央政府体制及其法律制度"全盘台湾化，企图继续打"中华民国"招牌，实则把台湾变成一个"独立的主权国家"。更有甚者，李登辉于1999年7月9日抛出"两国论"，声称两岸关系是特殊的"国与国"关系，还企图"入宪""修法"，进而伺机宣布"台湾独立"。

李登辉"两国论"的本质是彻底否定"一个中国"原则，公然要"台湾独立"。这种拿台湾民众的生命财产做赌注，破坏亚太地区和平与稳定的疯狂言行，不仅引起台湾岛内的恐慌和反对，更遭到祖国大陆的强烈谴责，祖国大陆发出最强烈的警告。同时也引起国际社会的强烈反对，世界上一百多个国家立即作出反应，明确重申"一个中国"原则，台湾是中国不可分割的一部分。在1999年9月联合国第54届大会总务委员会上，美、英、法带头支持"一个中国"，反对将台湾排入大会议程。李登辉妄图利用国际社会支持"两国论"的幻想破灭。李登辉时代即将过去。明年5月，新上任的台湾领导人，无论是谁，只有抛弃"两国论"，回到"一个中国"的立场上来，重新确立"和平统一"的前提和基础，才是台湾唯一的出路和前途。形势逼迫下，台湾当局只能走这一条路。

二、澳门、香港是帝国主义历史遗留问题，经中国政府分别与葡萄牙、英国政府谈判已和平解决。台湾问题与澳门、香港不同，是中国内战遗留问题，属于中国内政，不允许外国插手，要由中国人自己解决。1949年10月中华人民共和国成立后，中央人民政府宣告要解放台湾、统一全中国。1950年，美国武力介入台湾海峡，中国政府强烈谴责美国干涉内政。中国政府从1955年起呼吁台湾当局通过谈判，以和平方式解放台湾、统一中国。1978年12月，中国共产党十一届三中全会正式提出"和平统一"的大政方针，明确以谈判和平解决台湾问题，但不承诺放弃使用武力。对此，台湾当局以"不接触、不谈判、不妥协"拒绝和谈。

20世纪80年代，在国际上已公认了中华人民共和国是代表全中国的唯一合法政府、台湾当局只是地方政治实体的客观事实下，1983年邓小平提出"国共两党平等谈判"，还指出"不必提中央政府与地方政府谈判"。这是在"谁代表中国"的胜负已定的情况下，给台湾当局的面子。接着邓小平于1984年提出"一国两制"，为谈判解决提出具体方针和内容。"一国两制"首先用于解决香港、澳门问题。在祖国大陆"和平统一""改革开放"政策的感召下，两岸人民冲破了台湾当局的长期封锁，两岸民间经济、文化往来频繁。迫于形势，台湾当局不得不成立海峡交流基金会，于1992年与祖国大陆的海峡两岸关系协会开始事务性谈判，1993年实现了汪辜会议，两岸商谈的门终于打开了。

1995年1月，中国共产党中央委员会总书记江泽民为推进祖国和平统一进程提出八项主张。新建议之一是，"和平统一"可分两步走。首先签署停战协议，最终完成统一。江主席提议：第一步，双方可先就在一个中国原则下，正式结束两岸敌对状态进行谈判，并达成协议。在此基础上共同承担义务，维护中国的主权和领土完整并对今后两岸关系发展进行规划。新建议之二，是提出"两岸和平统一谈判"。因为20世纪80年代中期以来，台湾社会政治都发生很大变化，中国共产党和中国政府亦发展了两岸谈判的主张，就"两岸谈判的方式问题，同台湾当局讨论，找到双方都认为合适的办法"。这就是说，从"国共两党谈判"发展为"各党派、各团体、各界代表人士参加"的谈判方式。

李登辉等却提出种种无理要求。其一，对"停战协议"问题，要求大陆承诺放弃使用武力。在李登辉与"台独"分子均在想着"台独"的情况下，这是不可能的。中国政府早就指出，如果承诺放弃使用武力，将会反过来使"和平统一"不可能，届时不得不使用武力阻止"台湾独立"。其二，李登辉等提出"对等的政府对政府谈判"。台湾当局只是控制台湾一个省的地方当局，怎么会来个

"对等"的"政府"呢？李登辉根本没有谈判的诚意。无怪"江八点"发表之后，1995年李登辉跑到美国叫嚷"中华民国在台湾"，引起海峡紧张状态。接着1997年抛出"戒急用忍"，1999年竟提出"两国论"，一而再、再而三地破坏两岸关系，竭力破坏两岸谈判。但是台湾民众期盼两岸关系缓和；国际社会期望两岸谈判、和平解决统一问题。形势已很明朗，明年新上任的台湾领导人，不仅要改善两岸关系，而且必须重开谈判、规划"和平统一"的进程。只有这样，才能让两岸民众和国际社会认可和放心。

三、澳门、香港在"一国两制"下确保其稳定和繁荣，台湾的"一国两制"更宽厚。1984年邓小平针对台湾问题提出"一国两制"，既要考虑历史问题，又要照顾现实，尤其要保障各方利益。由于历史原因，"一国两制"先用于解决香港、澳门问题。香港回归两年来的实践证明，"一国两制"保证了香港的稳定和繁荣，其优越性日益显著。

台湾当局始终污蔑"一国两制"是统战阴谋，要"吞并台湾"，竭力煽动台湾民众的恐惧。经过两年多香港的实践，"一国两制"已为香港和国际社会所赞许。根据中华人民共和国宪法和香港基本法成立特别行政区，实行"一国两制""港人治港"、高度自治。政治上港人当家做主：特区和立法机关由港人组成；特区除了外交、国防以外，拥有行政权、立法权、独立的司法权和终审权，现行法律基本不变；香港现行的社会、经济制度不变，生活方式不变；依法保障私有财产、政治权利和自由；保持自由港地位和现有货币、财政独立；可以"中国香港"名义单独同各国、各地区以及有关国际组织保持和发展经济、文化关系，并签订有关协议。可以说，台湾民众的恐惧——"统一"意味着私有财产"被没收""没有自由""再当二等公民"等应该说可以消除。不仅如此，一旦台湾要实施"一国两制"，其条件比香港、澳门更宽。例如，台湾可以继续保留军队，等等。台湾一些人提议以"邦联""联邦"模式"统一"。实际上"一国两制"的内容比"联邦"还宽松。例如，终审权，发行货币，财政独立，可签订经济、文化协议，等等。"邦联"是两个以上主权国家的结合，与"一个中国"的原则相违背，是不可行的。

香港、澳门20世纪70年代起之所以能连续高速发展，重要原因是其与祖国大陆经济紧密结合。今后"一国两制"更能保障香港、澳门的稳定和繁荣。1998年，香港在祖国大陆的大力支持下，成功地抵御了亚洲金融风暴的侵袭便是一个很有力的证明。台湾的稳定和发展亦与祖国大陆分不开。台湾工商界到大陆投资10多年，已获取丰厚的收益；两岸间接贸易中，台湾累计顺差逾1000亿美元。将来台湾问题以"和平统一、一国两制"方式解决后，台湾不仅稳定和平，而且通过祖国大陆、台湾、香港、澳门的合作，将实现互惠互利、共同繁荣。展望21世纪，中国人必将扬眉吐气，共享中华民族振兴强盛的美好明天。

1999年

台湾同胞是实现祖国和平统一的基本力量

——纪念江泽民主席重要讲话发表 5 周年

为纪念江泽民主席《为促进祖国统一大业的完成而继续奋斗》的重要讲话发表5周年，1月28日首都各界在人民大会堂举行座谈会，钱其琛副总理发表了重要讲话。钱副总理说：江泽民主席的重要讲话是邓小平同志"和平统一、一国两制"基本思想在新形势下的运用和发展，是现阶段解决台湾问题的纲领性文件和指导思想。钱副总理总结近10年来与李登辉为代表的台湾分裂势力斗争的经验时指出：台湾同胞是实现祖国和平统一的基本力量。

一、两岸关系的长足进展，包含着台湾同胞的巨大贡献

钱副总理从四个方面肯定台湾同胞在发展两岸关系中的重大作用和巨大贡献。

一是两岸人员往来和各项民间交流。自从1979年1月1日全国人大常委会发表《告台湾同胞书》以来，台湾同胞不顾台湾当局的严令禁止，冲破阻挠，踊跃回到祖国大陆探亲、旅游、考察，其人数

年复一年迅猛增加，势不可当。台湾当局被迫于1987年11月部分开放两岸往来。这不是台湾当局的什么"恩赐"，而是在台湾同胞和祖国大陆人民共同努力下打开的局面。十几年来，台湾民众到祖国大陆的已有1600多万人次，两岸在文化、体育、科技等民间交流方面空前密切，这些增进了两岸人民的相互理解。

二是台商投资和经贸往来。自1983年以来，台湾工商界为了自身的生存和发展，不顾台湾当局的干扰阻挡，到祖国大陆投资设厂。至今台商投资已有4万多家，实际投资250多亿美元。

三是两岸间接"三通"。台商投资行为引发了两岸实质"通商"，现两岸间接贸易额已累计1600多亿美元，台湾顺差近1000亿美元；在"通航"方面，现已有了客机从台湾经过澳门飞到祖国大陆各地的间接航线，海上客货运均已实现经由第三地往返的间接航行；"通邮"虽然仍经过中国香港、日本等地，但也早已畅通无阻。

四是在两岸对话与谈判上，台湾同胞也是推进者。两岸人员往来及投资经贸引发大量事务性问题。台湾当局只得于1990年设置海基会，从1992年起与祖国大陆的海协会多次举行商谈，并且于1993年4月举行了汪辜会谈，两岸商谈的大门终于打开。尽管李登辉等不断干扰破坏两岸关系，但在台湾民众的压力下，仍于1998年派辜振甫到上海，参加汪辜会晤。当前台湾同胞强烈要求改善由于李登辉"两国论"而被破坏的两岸关系，这也对今年3月台湾"总统"大选产生了强大压力。能否缓和改善两岸关系是此次选举胜负的关键。任何候选人都无法违背这一强烈的民意。一旦当选就必须启开两岸政治谈判的大门。钱副总理高度评价和肯定了台湾同胞推动两岸关系发展的巨大贡献，而且充满着对台湾同胞继续发挥重大作用和作出更多贡献的期望。

二、更深切地了解台胞心态和愿望

钱副总理首先肯定台湾同胞具有光荣的爱国主义的传统，绝大多数台湾同胞是反对分裂、反对"台独"的。的确，历史上台湾同胞英勇抗击日本帝国主义，前赴后继牺牲了65万人，彻底挫败日本殖民统治下的所谓"同化政策"和"皇民化教育"等。在整个抗日斗争过程中，台湾同胞心里充满着回归祖国和保持中华民族文化传统的强烈意愿。近十几年来尽管李登辉等疯狂推行分裂主义和"台独"宣教，但台湾同胞十分清楚分裂主义和"台独"只会给台湾带来动荡和危害，他们强烈要求改善两岸关系，进而保持台湾的稳定和繁荣。

钱副总理指出，近十年来李登辉倒行逆施，搞乱了台湾社会的思想，把对祖国的认同、对统一的追求歪曲为负面的观念。

钱副总理说，经过长期以来同台胞的接触，我们对台湾同胞的基本心态和愿望有了更深切的了解。所以钱副总理表示，一是我们将充分尊重台湾同胞当家做主的愿望和发展政治民主的要求，保持和维护台湾同胞的切身利益。二是相信事实终究要戳穿谎言。台湾同胞一定能够在两岸交流中不断增强对祖国和平统一的理解和信心，并在事关台湾前途的问题上作出有利于和平统一的正确选择。

三、要相信并寄希望于台湾同胞

尽管李登辉等分裂势力倒行逆施，但台湾同胞愈来愈看清楚：祖国在改革开放的进程中综合国力不断增强，国际威望日益提高。他们因而对国家发展的辉煌前景充满信心。香港、澳门顺利回归，并且继续保持稳定和发展的大好局面，也有力地戳穿了对"和平统一、一国两制"的污蔑和谎言。钱副总理在讲话中强调，我们始终真心实意地寄希望于台湾同胞，并指出，相信越来越多的台湾同胞将进一步认识到坚持"一个中国"原则完全符合自己的切身利益和根本利益；相信通过商谈，一定可以找到更充分满足台湾同胞愿望和要求，更充分照顾台湾各阶层利益的具体解决办法；相信台湾同胞最终会相信"一国两制"是维护他们各方面利益的最好办法；相信台湾同胞一定能够在两岸交流中不断增强对祖国和平统一的理解和信心，并在事关台湾前途的问题上作出有利于和平统一的正确选择；坚信中国的综合国力将大为增强，国际地位将进一步提高，在此基础上通过包括台湾同胞在内的全国人民的奋斗，台湾问题不但能够解决，而且能够早日解决。

钱副总理讲话表明，以江泽民同志为核心的中国共产党、中国政府，充分信任台湾同胞，充分肯定台湾同胞在发展两岸关系中的巨大贡献，并且把台湾同胞定位为实现祖国和平统一的基本力量。钱副总理讲话表明，中国共产党、中国政府以及全国人民对解决台湾问题充满信心。我们要坚决贯彻执行江泽民主席重要讲话精神,按照钱副总理的具体要求努力开创对台工作的新局面,争取早日解决台湾问题,实现祖国的完全统一。

（原载于《台联通讯》2000年第2期）

靠政策和人民力量打开两岸来往

——纪念《告台湾同胞书》发表 30 周年

　　《告台湾同胞书》发表30周年了，它表明我对台政策由"解放台湾"调整为"和平统一"，并且呼吁尽快结束两岸隔绝。为此，《告台湾同胞书》直接向台湾同胞呼吁，来大陆探亲访友、旅游参观、经济交流等。这个呼吁立刻得到两岸人民的热烈反响，很快形成一股洪流，冲破一切障碍，实现两岸的自由来往。

　　我是这个过程的见证人，又是参与者。我是1978年12月15日《中美建交公报》发布之日，被委任为中华人民共和国驻日本大阪总领馆领事赴任。不久，1979年1月1日《告台湾同胞书》宣告。很快得到台湾同胞的热烈反响。

　　第一个突破。1979年1月10日我接待来自岛内50多岁的浙江籍台胞。他直截了当地要求，回老家与老婆孩子团聚。他听到《告台湾同胞书》后立即下决心要回家。我报回国内，不到一个星期把他送到飞往上海的飞机。没几天，又有一位近60岁、高个子的山东大汉，他也要求回山东老家。一星期后我告诉他"祖国欢迎你回去"时，他满脸热泪，紧紧地握住我的手说："感谢祖国。""感谢郭领事。"之后，不断地来人要求回家，我就一一送回，满足他们回家团聚的热切愿望。

第二个突破。有的大陆籍台胞已经在台湾建立家庭又有事业，他们想回老家看望父母再回台湾。当时台湾当局严禁台胞到大陆，而且日方给台胞只发一次有效的出入境签证。于是我研究日方的出入境管理条令，发现有关72小时过境签证的规定。也就是说，台胞拿一次有效签证来日本，离开日本到大陆，本来就不能再回到日本。但是如果事先买好从大陆再到日本的机票，同时另买一张从日本返台湾的机票，其间隔不超过72小时，可以免签地入境日本并返回台湾。于是我就让一位台胞试一试，果然成功，一切符合日方规定，平安无事地去大陆后经日本回到台湾。连续办了几次后，台湾特务部门发现此事。他们通过日本赴大陆的乘客名单，从中找到赴大陆的台胞。于是台湾特务在岛内找到这些赴过大陆的台胞讯问。这些台胞毫不隐瞒，说："我回家看我父母，有什么罪？"这些大陆籍台胞卖豆腐、卖面条，威胁没收他们财产等，根本起不到恐吓作用。抄就抄，骂就骂，最后特务也无可奈何，不了了之。这件事一传十，十传百，找我们返回大陆探视的台胞一年比一年成倍地增加。

第三个突破。地道的台籍同胞看到大陆籍台胞可以到大陆，他们亦坐不住，也来找我们。突出的有两种人，一种是老台胞想到大陆旅游，观看祖国美丽山河，另一种是中青年台商想到大陆做生意。他们个个意气风发，跃跃欲试。我报回国内，亦很快同意他们去。他们在大陆受到热情接待、提供方便，而且确实做到来去自由，个个都心满意足地从大陆回到台湾。

第四个突破。在台湾的大陆籍退伍老兵到20世纪80年代初尚有12万人，他们生活困苦、无家无业地过了40多年，从未与大陆亲人通信，又不能返回探亲。他们呼吁："我被抓来当兵，送我回家去。"岛内媒体、各团体纷纷指责"三不政策（不谈判、不接触、不妥协）"的不妥，不断地发表文章、做议论，一致呼吁台湾当局资助老兵还乡。1987年这已形成高潮，连刚成立的民进党亦发动"返乡探亲"运动。特别是1987年10月，上千名大陆籍老兵游行并到国民党中央党部"请愿"。遇到警卫人员的阻止时，极为气愤的老兵竟然殴打这些警卫。这引起国民党当局的震惊。1987年11月2日，台湾当局被迫宣布，有条件地开放岛内民众赴大陆探亲。1988年1月，在何文德、王拓等带领下，24名大陆籍老兵终于回到祖国大陆。此时，我已离任大阪领事，担任全国台联专职副会长。这第一个老兵探亲团由台联接待，我具体安排他们与在大陆的台籍老兵见面座谈。会上两岸老兵拥抱痛哭的情景，震撼国内外记者。台湾记者要求台湾当局，允许在大陆的台湾老兵返回台湾。

第五个突破。1948年国民党当局为了打内战，在岛内欺骗2万名台湾青年到大陆。到20世纪80年代，这些前国民党军的台籍老兵在大陆尚有2000多人。随着《告台湾同胞书》的呼吁，台胞从岛内纷纷来大陆探亲返乡，也引起这些台籍老兵返乡的要求。全国台联于1988年10月成立"台湾省籍老兵还乡协进会"，向岛内外呼吁，发出公开信，提供这些人的原国民党军人身份证明等。台湾当局被迫于1988年11月受理大陆同胞赴台奔丧、探病申请。1988年12月2日，台湾大陆工作会报通过台湾"内政部"公布《允许现在大陆台籍前国民党军人返台定居案》。这样，我们亲手把在大陆的台籍老兵送回岛内。截至1997年，已有老兵及家属共1000余人回到岛内定居。

综上所述，两岸交往交流并不是台湾当局的恩赐，是我《告台湾同胞书》的政策号召，并且在其感召下两岸人民共同突破重重障碍开拓出来的。这充分体现我党相信和依靠人民的英明作风。我有幸参与和见证两岸人民共同开拓两岸交往的历史，深深地感到我党政策的伟大和"人民、只有人民才是创造历史的动力"这一说法的正确性。

（原载于《台湾民情》2005年2月刊）

台湾民间信仰扎根中华文化

今年4月3日至4月12日，我有幸参加全国台联组织的"大陆老台胞返乡谒祖文化巡礼参访团"。抵达台北当天下午，我在弟、姐、妹的陪同下到父母之墓，对过去不能每年来扫墓的不孝致歉，同时报告今后可以随时来，今年7月准备全家人从北京来的佳讯。

在文化巡礼中感受最深的是，台湾民间信仰扎根于台湾民众，而其渊源来自大陆，有力地抵制了"去中国化"。

一、台湾民间信仰深入民众，超出我们想象

台湾寺庙是儒教、佛教、道教三教并举，非常盛行，影响巨大。然而数量最多、扎根于民众最深的，是不属于三教的民间信仰。当然这种民间信仰可以归纳为广义的道教，但不属于传统规范的道教。据台湾省文献委员会1960年出版的《台湾省寺庙教堂调查表》称，台湾地区有4220所寺庙，共主祀神有247种之多，其中佛教神19种、道教神13种、自然崇拜神20种、庶物崇拜神1种，其余195种都是灵魂崇拜之神，如妈祖、关帝等民间信仰之神。

可以说，尽管佛教在台湾的规模很大，影响不小，如佛光山、

慈济、法鼓山、中台禅寺等（此次我们参拜了慈济和中台禅寺），但真正深入民间，与民众生活关系密切、影响巨大的，仍然是民间信仰，例如妈祖。据统计，世界上有妈祖信徒近2亿人，妈祖庙近5000座，光台湾岛内有规模的妈祖庙就有800多座，岛内有三分之二的人信仰妈祖。

众所周知，妈祖神原来是宋代福建莆田人林默，是人们心目中的"护海女神"。在台湾，最早于明代万历年间（1573—1615）在澎湖最先建造妈祖庙，1661年在彰化鹿港建造天后宫。据称，郑成功收复台湾时得到妈祖庙的保佑。这次我们专程赴鹿港天后宫，目睹信徒的热烈朝拜景观。那天正好赶上妈祖出巡仪式之日，来自全台各地的民间祭神队伍，多的上百人，少的几十人，搭着大大小小的神像乘坐着神轿，一队接着一队，锣鼓喧天，鞭炮齐鸣，整个参道两边弥漫着香火烟雾，到处都是持香拜祭的人们，水泄不通，人山人海，我们被这些台湾民间信仰的信徒的热情所震撼。据称，20世纪90年代福建莆田的妈祖金身到台湾巡祖时，万人空巷，人人都跑出去向金身朝拜。

负责接待我们的中华两岸文经观光协会的许文彬先生特意安排我们拜访他的故乡台南县佳里镇的"震兴宫"。该寺建于清雍正元年（1723年），原名"清水宫"，主祀清水祖师、雷府大将和李府千岁，三位为镇殿三大神明。虽然规模不是很大，却富丽堂皇，成为佳里镇几千人的信仰和团聚中心，设有管理委员会，香火兴旺。怪不得许先生夸口，该镇人才辈出，钱财滚滚，深得民众信仰之力。该庙还特意燃放鞭炮欢迎、欢送我们，非常热烈。

可以说，台湾民间信仰的信众规模浩大，民众信仰的热烈程度，影响之广之深，远远超过我们的想象。

二、台湾民间信仰渊源于大陆，牢固地保持和传播中华文化，确切地起到了抵制"文化台独""去中国化"的作用

台湾的民间信仰是随着大陆到台湾的移民而来的，可以说，民间信仰的神几乎都来自大陆，源于大陆，前边所说，"妈祖"是福建莆田的"海上保护神"，有800多座庙。"保生大帝"原名吴夲，宋朝时期福建漳州府的神医，1662年已在台南建造慈济宫，现有253座庙宇；"清水祖师"来自福建安溪，建桥修路，大旱求雨，施医济药；"临水夫人"来自福州，在唐朝年间（767年）专救妇女，扶胎救产，保赤佑童；还有光济尊王、灵安尊王、文昌帝君、关公、城隍爷，等等。这些神灵即随当地移民渡海到台湾时带来，并且长期供养祭祀，所以这些神的庙宇完全与福建，尤其是闽南地区一模一样，其祭祀文化亦传承下来，如台湾震兴宫，其四周的壁画、雕刻，全部取材于《三国演义》《水浒传》《杨家将》的三英战吕布、武松打虎等。这些均是中华文化通过民间信仰的形式，把大陆与台湾联结起来，时刻让台湾民众记住自己的祖先来自大陆，自己流的是中华民族的血。可以说，民间信仰在台湾民众中有着深不可拔的传统、无孔不入的力量，成为台湾社会整合和民气凝聚的重要因素。

这次我们深入观察台湾民间信仰，深深感到"台独"势力借"文化台独""去中国化"搞分裂是徒劳的。台湾民间信仰在台湾

民众中扎根大陆而且日夜影响着他们。台南市祭祀"保生大帝"的慈济宫是在1662年建造的，在其石碑上刻有"我台湾人士祖先均系大陆移来"。台湾北港朝天宫（妈祖庙）董事长曾蔡美佐说得好："两岸是同祖、同语言，又是同信仰，所以希望妈祖来扮演两岸之间的和平女神。"

三、让台湾民间信仰来推动两岸和平发展

我想到，日本帝国主义殖民统治台湾50年，其间拼命向台湾民众灌输日本神道思想，命令台湾民众祭祀日本天皇的祖先天照大神。但根本抵挡不住扎根于台湾民众心中的中华文化，没有人信仰日本神，1945年日本战败，这些神道也随之土崩瓦解。台湾学者徐宗懋说得好，日本天照大神根本代替不了台湾民众的关帝爷。可见中华文化民间信仰生命力的深厚，日本帝国主义也好，"台独"势力也好，根本替代不了，更不可能被消灭。

宗教信仰是复杂微妙的，需要慎重对待。首先，要尊重台湾民间信仰。《中华人民共和国宪法》第36条规定，中华人民共和国公民有宗教信仰自由，对公民的信仰或不信仰都予以尊重，不强制亦不歧视。虽然大陆人民多数是无神论者，但对台湾的民间信仰亦应遵照宪法精神，予以尊重，不歧视，不干涉。这样一来，台湾民众对祖国大陆增强了信任感，而台湾民间信仰的继承和发展会继续传播中华文化，继续发挥抵制"文化台独""去中国化"的作用。

其次，有条件的民间信仰，如台湾地区有需求，可视具体情况

允许与大陆交流交往。如妈祖神，现每年来自台湾地区的信徒有几十万、上百万人到福建莆田朝拜。据了解，其他神灵在福建有部分得存的，亦有来认祖朝拜的。对这种寻根访祖应予以尊重，提供方便，并给予一定的礼仪。

总之，台湾民间信仰源于祖国大陆，它传承中华文化，与中华文化具有割不断的联系，应尊重和保护，让其在两岸和平发展的过程中发挥应有的作用。

（原载于《台声》2009年6月刊）

纽约"台湾前途研讨会"纪事

1985年10月初，我和郑励志教授两人前往美国纽约州罗切斯特大学参加"台湾与中国大陆同桌会议"，各自做了《台湾同胞对大陆投资的前景》和《一千六百余名居住上海的台胞一瞥》的发言。会上遇到"台独"意识浓厚的台胞的激烈攻击和评论，但我们均以诚恳却不卑不亢的态度回答了提问，坚决驳回"台独"的谬论。

各种政治观点的"打擂台"

我们返回纽约时得知全美台湾同乡会将举办"台湾前途研讨会"，已邀请我们参加，并在华文报刊上公布了。自1984年10月全国台联派人参加纽约州科特兰大学的亚洲学会与各种观点的学者讨论台湾前途后，台联会已参加好几次此类研讨会。当时的形势是香港问题已解决，台湾与大陆和平统一问题提到议事日程上来，引起海外各界台胞的巨大关注。因此，我们决定接受邀请，参加这次会议。

10月12日下午，我们到纽约皇后区的希尔顿旅馆，会场上有一百多位乡亲和八家在美华文报刊记者。被邀请的学者有被认为代表国民党观点的纽约大学政治系教授熊玠、《时代周刊》研究员姜敬宽；具有"台独"、自决观点的人士有，彭明敏、宾州大学政治系教授张旭成、"台湾人公共事务会会长"陈唐山、"台湾促进会"负责人谢聪敏、科罗拉多大学经济系教授范良信；我和郑教授是被认定代表中共观点的。代表各政治观点的九位人士分别发表了对台湾问题的见解，并回答记者及与会听众的提问，这种打擂台式的公开的研讨会是海内外第一次。

阐述和平统一的方针政策

我在会上发言表示，台湾最重要的是稳定，当前台湾投资意愿低落、资金外流、企业倒闭等，这些是由于对台湾的前途缺乏信心所产生的。台湾问题如果同香港问题一样，透过有关各方的协商妥善解决，是能够保持台湾的长久稳定的。而且，台湾与大陆可在经贸上互利互惠，共同繁荣。我认为，台湾前途就是台湾民众如何确保经济繁荣，政治民主，社会稳定。我认为中国共产党提出的"一国两制""三通"、实现和平统一的方针、政策是符合实际，也是尊重台湾民众意愿的。几位学者则各讲各的。彭明敏、陈唐山等照样讲他们的"台独"观点。熊玠说，他主张统一。他认为统一就是要满足一种民族信念，因为都是中国人，所以要统一。

批驳种种"台独"谬论

在记者和听众提问及学者回答时，均存有统独观点的尖锐对立。我们就针锋相对地驳斥"台独"谬论。如彭明敏说，台湾与大陆脱离已有一百年，自成"独立单位"，从来未有国际法律文件说台湾属于中国，法律上台湾人有"自决权"。我就指出，台湾是在1895年《马关条约》签订后才割出去；第二次世界大战末期《开罗宣言》《波茨坦公告》均明文规定，台湾在战后归还中国。日本投降接受和履行《波茨坦公告》，就把台湾归还中国。郑励志亦反驳彭说，自决权是弱小民族争取民族独立时使用，在同一国家内部不存在自决权问题。他还说，统一是一个国家主权完整的需要，统一对大陆、台湾均有好处。

谢聪敏说，中共从来不关心台湾民众的利益，不尊重台湾民众的意愿，把台湾民众当作国共合作的共同敌人。我就宣读中央人民政府就高雄事件发表的评论。该文件对被台湾当局逮捕的同胞表示严重关切，对其家属表示亲切慰问，并呼吁台湾当局释放这些同胞。接着我对谢说，中共文件向来称台湾民众是"骨肉同胞"，哪里来的"台湾人是敌人"？我这席话引起热烈掌声。

痛击"中国之春"

当时会上有各种观点的听众。我们注意到"中国之春"来了十多人。开会后他们果然挑衅。开头是针对我欢迎全美台湾同乡会到北京一事，问我是否欢迎"中国民主团结联盟"组团回大陆。我就以不知有这么个组织给予回绝。接着该组织头目王炳章借提问之名大谈所谓大陆人权问题。对此，听众大为不满，主持人亦喊"要发问，不要发表意见"，台上台下一起起哄。他再拿出所谓"中共统战部、中宣部对台工作座谈会纪要"的"绝密文件"，声称中共密谋在台湾鼓动革命、掀起暴动，还说台联亦参与讨论。这恰好是冲到枪口上来。我就说，我是负责宣传的台联副会长，如果说全国台联参与讨论，我不会不知道，因此这是纯属捏造。王炳章还嘴犟，说还有林丽韫给台湾的一封亲笔信，亦证实此文件。我就说我很熟悉林丽韫的笔迹，你拿来给我看，让我来鉴定。结果王不敢拿来。我就痛斥王，你不敢拿出来说明这也是假的，你们"中国之春"搞这种卑鄙的勾当，实在是可耻！此时听众热烈鼓掌，王一伙灰溜溜地溜走了。

各华文报刊广泛报道

这次研讨会虽然观点尖锐对立，但气氛友善、热烈，不断有笑声、掌声。我们充分阐述了中央的对台方针、政策。陈唐山对此不安，说此会给大陆的统战宣传提供了机会。的确，在美国的所有八家华文报刊均以大量篇幅报道这次研讨会，如《台湾与世界》《华文快报》等几乎一句一字全文刊登。事后我得知，不仅在美国，连在日本、台湾的台胞亦看到了这些报道，从而使我们的主张为更多人所了解。

这次我们发挥较好，实际上是集体智慧的结晶。不少朋友为我们出主意提供情况，从而使我们有了充分的准备。在此向各位支持和帮助我们的朋友们表示深切的谢意。

（原载于《台声》1992年12月刊）

为开拓和推动两岸交流而尽力

全国台联成立20年了。我曾自1985年至1995年连任全国台联第二至第四届专职副会长，分管联络、文宣、调研工作，与各届领导及全体工作人员一起，为开拓和推动两岸交流尽心尽力，度过了难忘的10个春秋。

一、开展海外联谊

全国台联成立的20世纪80年代初，两岸隔绝，我们只能与海外台胞接触，然而，海外台胞普遍不了解祖国大陆，存有种种疑虑。我们以"请进来、走出去"的方式，不断地扩大接触范围。1985年6月，全国台联与社科院台湾研究所在北京举办"大陆与台湾"研讨会，邀请海外的台湾学者70多人参加。邓小平、邓颖超、习仲勋、杨尚昆等国家领导人亲切会见了与会人士。这次会议在海内外引起了很大反响。在美国的各种台胞团体纷纷邀请我们赴美访问。

我们于1985年派了7个团、1986年派了7个团、1987年派了6个团赴美访问。成员主要是大陆台胞和部分大陆学者，分别赴纽约、芝加哥、洛杉矶等地参加多种研讨会、夏令营。郑坚等还出席了"世界台湾同乡会年会"。这些大陆台胞在各种会议上介绍了祖国的改革开放和对台方针政策，批驳"台独"谬论，还不辞辛苦走访了海外台胞家庭，与许多台胞座谈联谊。在乡亲情谊、亲切和蔼的气氛中，海外台胞增进了对祖国的了解，我们也热情地邀请他们来大陆看看。于是1986年、1987年掀起了海外台胞回国参观的高潮，每年有20多个团组、三四百人之多。

与海外台胞的接触联谊，其效果波及岛内。一是他们回岛内或岛内亲友到海外，他们将亲眼看到的祖国情况告诉亲人，使岛内亲人对大陆的疑虑缓解。二是在海外活动时，我们接触许多岛内的"统派"和"党外"人士，交了不少朋友。

全国台联继1984年成功举办第一届台胞夏令营后，于1985年举办了第二届夏令营，有近200名的海外台湾籍青少年参加，他们来自美国、日本、巴西、加拿大、法国、德国、荷兰等。因为他们父母支持孩子们来大陆多了解祖国，加之我们办得认真负责、丰富多彩，还游览名胜古迹，效果很好。之后，年年举办夏令营，迄今已办了17届，参加者有3000多人次。许多营员参加夏令营后返台，向岛内亲朋好友介绍祖国大陆情况。

二、推动两岸交往

1987年11月台湾当局迫于内外压力，有限度地开放岛内台胞到大陆探亲。全国台联根据形势的发展变化，积极推动和扩大两岸的交流交往。

1. 演艺界的交流。1987年，全国台联第一次邀请台湾歌星费翔出席中央电视台春节联欢晚会，《故乡的云》一曲轰动全国。1988年全国台联推荐包娜娜和万沙浪、1989年推荐潘安邦、1990年推荐文章出席春节联欢晚会，这引起了岛内的很大反响。台湾当局拟以违规处罚文章，岛内舆论普遍认为："两岸人民既可同场赛球，为什么不可以同台唱歌？"台湾当局被迫于同年2月决定："准予台湾演艺人员到大陆从事演出活动。"此后，台湾演艺界人士纷纷来大陆演出交流。经全国台联接待的有：苏芮、潘美辰、姜育恒、甄妮、顾其华等。途径打开后，大陆演艺界也纷纷邀请林青霞、千百惠、赵传等来访，两岸演艺界的交流非常活跃。

2. 与台湾少数民族的交往。1987年在美国芝加哥举行的台湾问题研讨会上，全国台联派出的高山族同胞张澄生见到"台湾少数民族权利促进会"代表莫内能，他们谈得很投机。1989年莫内能应邀带领"台湾那路湾文化考察团"来访，同年还有刘文雄带领台湾"少数民族事务考察团"来访。在国家民委及各地民委的支持配合下，他们了解了祖国大陆的民族政策，看到了各少数民族的幸福生活，深受感动。之后，1991年台湾"少数民族龙舟队"、1992年3月台湾"少数民族传统歌舞团"来访。1993年，台湾少数民族34人在全国台联安排下，第一次到祖国大陆参加在昆明举办的全国少数民族运动会，实现了全国56个民族大团圆，受到全场的热烈欢迎。台湾少数民族几乎年年派一两个团队来大陆考察访问，都由全国台联和民委接待。

3. 邀请客属乡亲来访。客家人占台湾人口的六分之一。他们中华意识强，反对"台独"。全国台联早在1984年就派彭腾云等赴日本崇正会、美东客家同乡会等开展联谊活动。之后，每年都派人参加他们的年会，他们也常派团来大陆。1989年1月，林丽韫在日本崇正会遇见台湾世界客属总会秘书长古胡玉美，于是热情邀请她访问大陆。同年4月，我赴巴西时，圣保罗的何先生提起他与古胡玉美的先生是同班同学，是很要好的朋友，他自告奋勇要带他们到北京。果然同年9月，何先生偕同古胡玉美夫妇来访，他们受到杨尚昆的会见和勉励。同年12月，古胡玉美带领280名台湾客家同胞出席广东梅县客家联谊会成立大会。第二年，1990年9月，古胡玉美又偕同台湾世界客属总会理事长林保仁到北京，观看亚运会盛况。

从此，全国台联与台湾世界客属总会建立了良好关系，该会多次组团来大陆交流访问。客家祖居地广东梅县于1994年12月第一次举办世界客属恳亲大会，台湾世界客属总会新理事长陈子钦带领300多人出席。与会2000多人中，来自美国、日本、巴西等地的客家人，几乎都是全国台联的老朋友。

三、促进双向交流

1. 组织学术交流。1989年8月，社科院、全国台联迎接柴松林带队的"台湾教授访问团"，组织与大陆法律学者共同举办"两岸法律关系与未来发展"研讨会。这是两岸法律界的第一次接触。1990年4月，全国台联与中国人民大学举办"海峡两岸法律学者学术研讨会"，12名台湾著名法学专家与100多名大陆各大学著名法学专家出席。同年8月，全国台联、法学会与台湾林正杰的"两岸关系文教基金会"联合举办"两岸关系研讨会"，两岸共有60多位法学专家与会。1991年10月，全国台联与法学所合办"两岸法律学术交流与合作座谈会"；1994年，全国台联、全国律师协会与台湾"台北律师公会"共同举办"两岸律师事务研讨会"。通过这几次法学交流，两岸各大学、各研究所的法学专家、律师都互相熟悉起来。之后，他们互相联系，台湾法律界不仅多次来访，也邀请大陆法学专家赴台交流。

1991年8月，全国台联、社科院台湾研究所、全国台湾研究会共同在北京举办"海峡两岸关系研讨会"，来自岛内、海外的著名学者40多位、大陆学者80多位参加了会议。这是首次高层次、大规模、公开地讨论两岸关系。台湾媒体派大批记者与会，连日大幅报道，产生了广泛影响。此后，各方约定每年举办一次，围绕两岸关系发展讨论不同的题目。由于两岸学者每年相聚，共同探讨，彼此熟悉起来，于是岛内学者开始邀请大陆学者赴台访问，逐渐形成了学术界的双向交流。

2. 实现大陆台籍老兵返乡。当年，国民党曾从台湾抓了2万多名台湾青年到大陆打内战；后来，有4000多名老兵滞留大陆，他们海峡阻隔，有家难回。全国台联在海内外多次呼吁：包括老兵在内的大陆台胞有返台探亲的权利。两岸开放不久，1988年1月，全国台联接待了第一个"台湾外省人返乡探亲团"。他们都是当年被国民党从大陆抓去台湾的老兵。该团团长何文德说："美国上月球用了17年，我们从台湾到大陆走了40年。"会上两岸的老兵拥抱痛哭的场面震撼人心。台湾媒体呼吁台湾当局，开放大陆台籍老兵返乡探亲。全国台联于同年9月成立"台湾省籍老兵返乡探亲协助会"，徐兆麟任会长。舆论强烈呼吁台湾当局，开放大陆台籍老兵返台探亲。

在内外压力下，1988年11月，台湾"内政部"开始受理大陆台胞赴台奔丧探亲申请。同年12月2日台湾当局公布了"允许现在大陆台籍前国民党军人返台定居案"。大陆台籍老兵返乡愿望实现了。全国台联为他们提供方便和部分经费。截至1991年，台籍老兵及其家属返台定居的有1000多人。大陆台胞也陆续实现了返乡探亲。

3. 与岛内各政党的接触。随着各领域双向交流的深入发展，全国台联从1991年开始与台湾岛内各政党接触，与民进党、国民党、新党及众多党派开展民间交往，沟通看法，寻求共识。

由于20世纪80年代全国台联在美国与台湾党外人士有接触，因而两岸开放往来后，台湾民进党人士来大陆，自然由全国台联接待。1988年7月，民进党"国大代表"吴哲朗成了台湾政界来大陆的第一人，接着民进党原新竹市市长施性忠、"省议员"王兆钏来访。1991年有许信良、谢聪敏、陈水扁及民进党"县市主委联谊会"访问团13人、"立委助理团"等来访。1990年有吕秀莲来访，还到福建南靖寻根祭祖。1993年来的最多，有谢长廷带领的民进党"立委"团，其成员有姚嘉文、蔡同荣等；连陈水扁的导师、台湾大学教授李鸿禧等也来旅游。1994年仍有民进党两个团组及个别人士，包括原民进党主席黄信介来访。他们均以参观考察为名，与大陆相关部门及各地台商广泛接触。

国民党的主流派与非主流派于1993年4月，分别由黄明和及林正杰带团来京。此外，先后来访的有朱高正的社民党访问团、谢学贤的中国青年党访问团、罗美文的劳动党访问团等。他们都在全国台联的安排下受到相应的接待和礼遇。

在张克辉返台奔丧问题上，这些台湾政界人士起了重要作用。1992年，张克辉母亲在台湾彰化逝世，台湾当局不准张克辉返台。1993年6月张父逝世，台湾当局仍以张克辉的身份"特殊"为由不准他返台奔丧。台湾"立委"林正杰、李庆华、陈朝容等坚持"基于人权、孝道及两岸关系考量应予批准"。他们在台湾"立法院"获取超过半数的90名朝野"立委"的联署，迫使台湾当局有关方面重新考虑。时任台湾"内政部长"的吴伯雄很快撤销"境管局"原决定。张克辉返台奔丧终于成行。

多年来，全国台联为开拓和推动两岸民间的交流交往而努力。钱其琛副总理在1995年全国台联第五次代表大会上说："全国台联为促进两岸各项交流、发展两岸关系、推进祖国和平统一的进程做了大量工作，发挥着巨大作用。"这是对全国台联工作的高度评价和莫大鼓励。我作为为此尽心尽力的全国台联一名成员，亦感到莫大的鼓舞和安慰。

（原载于《台声》2001年12月刊）

统一战线政策充分发挥了大陆台胞

对台工作的独特作用

1978年12月党的十一届三中全会决定改革开放，在统一战线工作上积极组织定居在大陆的台湾同胞做对台工作，让他们发挥独特作用，有力地推动了对台工作的进展。

经过改革开放三十年的今天，在胡锦涛总书记领导下，我党对台工作已获阶段性胜利，扼住了"台独"，两岸关系正在和平发展，两岸共同繁荣，稳步地向和平统一迈进。在这一过程中，改革开放的统一战线调动和发挥出来的大陆同胞在对台工作中的独特作用及其功绩是值得肯定的，亦证明党起用台胞做对台工作的决策是正确、英明的。

一、改革开放的统一战线，落实大陆台胞的各项政策，组织他们加入对台工作，形成一支独特作用的对台工作队伍

截至1978年底，定居大陆的台湾同胞有3万余人，其中第一代台胞有4000多人。主要由几种人组成：一是"二二八"起义后离开台

湾到大陆的革命青年，有100多人；二是光复后当时的台湾省政府派大陆上大学的公费生留下来的，约60人；三是新中国成立初期从日本回来的知识分子、学生，留下来的500余人，还有20世纪80年代从美国回来的十几人；四是1947年国民党从台湾骗来大陆打内战的台湾老兵幸存者约1000人；五是新中国成立前来大陆就业的2000余人。其余是家眷及子女。这几批中，革命青年、公费生、海外归来的学生以及新中国成立前来大陆的部分人、老兵中的个别人文化程度高些，政治素质好些。其中部分人本来在各级党政军部门工作，但是在"文革"中，他们逐渐不受重视，甚至从党政军部门调离出去。

改革开放后，随着包括知识分子等各项政策的落实，尤其是1979年1月1日《告台湾同胞书》的发表，对台工作提到议事日程，党及时地注意和重视这批定居的台胞。

其一，落实政策，明确"海外关系是好东西"，任用台胞时海外关系、台湾关系等不再受影响。

其二，该调回党政军部门的调回，该入党的入党，仅20世纪80年代即有1300位台胞入党。该提拔的提拔，仅1975—1979年期间，以外交官、记者等身份被派往日本工作的台胞多达17人之多。他们后来陆续从对日工作中转到对台工作岗位上来。

其三，积极培养。中央党校于1980年4月从全国选拔25名台胞进行一年多的培训和考察。他们成为对台工作的骨干队伍。中央党校还在20世纪八九十年代共举办四期培训班，为100多名台籍干部培训，各级党校及各大专院校积极吸收培养第二、第三代台胞多达500余人，这样有效地保障了台籍干部后续有人。

其四，政治上扶植。安排台胞到人大、政协参政议政。全国人大从第五届（1978年）起新成立台湾省代表团（13人），全国政协除台盟以外，亦从第五届起新成立台联组（20人）。据1990年统计，省级以上的人大中安排的台胞有415人，政协有602人之多。

通过上述各项措施，到20世纪80年代中期，我国已形成了一支定居大陆的台胞对台工作的新生队伍，在党的对台工作中将发挥独特作用。

二、组织台联会，让其从事争取台湾民心工作

1981年12月，党的统战工作决定组织中华全国台湾同胞联谊会（简称全国台联），定位为定居大陆台胞的民间群众团体。截至1985年，在全国28个省、市、自治区的65个地市成立了台联会。

我们认为，党中央决定成立台联会，具有重大的对台工作战略意图。因为台湾问题的解决，既寄希望于台湾当局，又寄希望于台湾民众。然而台湾同胞经历日本帝国主义统治、国民党高压，对大陆不了解，又有"台独"影响，其心态较复杂。大陆台胞与岛内有着千丝万缕的联系，也有共同的经历和感受，与台胞有许多共同语言，易于沟通。所以台联会作为大陆台胞的乡亲组织，以乡亲情谊成为党和政府联系台胞的桥梁和纽带，做岛内外台胞的工作，有独特优势，成效显著。30年来的实践证明，党中央成立台联的决策完全正确，台联多年的对台工作也证明，他们没有辜负党和政府的期望。

三、台联工作主要有以下几个方面

1. 20世纪80年代起积极开拓海外台胞的工作

（1）走出去，请进来。因两岸往来未开通，台联从开拓海外台胞工作着手，一方面争取他们，另一方面通过他们影响岛内。居住在美国的台胞约50万人，在日本的约有4万人，在巴西还有几万人。台联人员通过亲朋好友的关系，从1982年积极赴纽约、旧金山、洛杉矶、东京等地，挨家挨户地走访台胞。通过交谈座谈逐步纠正他们对祖国大陆的偏见，尤其邀请他们到祖国大陆参观，效果很好。例如，1984年国庆35周年，在天安门观礼台上观礼的一位来自美国的青年女台胞，看到气势磅礴的阅兵、群众队伍，展示建设成就的彩车极为兴奋，她指着广场上拼出"祖国万岁"图案的方阵高喊："谁说台湾人没有祖国，祖国就在这里！"

（2）在美国接触"台独"分子和"台独"组织。在当地台胞帮助下，台联干部接触"台独"的彭明敏、蔡同荣、田宏茂等人，还与"世界台湾同乡会""台湾人公共事务会""台湾独立联盟"等接触。

台联还派人出席这些组织的夏令营、学术研讨会、年会等。其中王桂荣应我邀请于1986年来北京，受到时任军委副主席杨尚昆的会见。

还通过朋友们在美国接触岛内"党外"人士，如黄信介、许信良、黄天富等。许信良还于1987年来大陆访问。这些人后来都成为民进党的首脑。20世纪90年代后台联与民进党打交道的基础，实际上是80年代在美国打下来的。

（3）在美国联系和扶植"保钓运动"等爱国台胞，建立一批台联的好朋友。他们应邀参加1985年台联在北京召开的"台湾前途研讨会"，并受到邓小平、邓颖超等党和国家领导人接见。之后他们在美国成立"亚美文化协会""美东客家同乡会"等组织，每年多次组团来大陆参加学术研讨会、夏令营等。他们还邀请台联组团赴美工作，成为台联与美国台胞联系的渠道。美国华盛顿天主教大学教授李哲夫说："台联在美国做台胞工作，累积起来的成果，应予以肯定。"

（4）在日本与长期坚持爱国的东京华侨总会、台湾省民会等交往交流。还与"亲台"的东京崇正会、兵库县台湾同乡会等沟通联系。

这些"亲台"组织应台联邀请亦多次组团来大陆，使得台联能影响其成员。这些"亲台"组织过去不与爱国台胞、我使领馆接触。他们对台联这个乡亲民间团体顾虑较少，愿意接触。台联的开拓工作受到我使领馆的赞扬。

2. 开展与岛内交流交往，争取民心工作

在我《告台湾同胞书》政策呼吁和两岸人民共同促进下，台湾当局于1987年11月被迫有限地开放岛内台胞到大陆探亲。全国台联根据形势变化，本着"面向岛内、开拓新局"方针，与岛内各界、各政党、各团体进行了广泛接触，推动和扩大两岸的交流和交往。

（1）扶植"左统派"。当时在岛内尚有自发成立的"台湾地区政治受难者互助会""中国统一联盟""夏潮联谊会""劳动党"等"左统派"组织。尽管国民党压迫、社会歧视,他们坚持"统一",反对"台独",每当台湾当局搞分裂活动、"台独"猖獗时,他们都旗帜鲜明地反对分裂、拥护统一,反对"去中国化"并发表声明,举行集会游行,发行《海峡评论》月刊。虽然他们势力小,影响有限,但在岛内保持一支拥护"统一"的力量和声音难能可贵。全国台联每年邀请他们组织几个参观团,观看祖国建设成就,请领导接见并鼓励他们,提高和增强他们统一祖国和反对"台独"的信心。

(2)积极做民进党工作。民进党本来是反对国民党专政的本土势力的联合战线,1987年成立后发展较快并逐渐被"台独"势力控制。台联在美国接触的基础上从1987年起接触民进党。

(3)文艺交流的突破。1987年台联第一次邀请台湾歌星费翔,出席中央电视台春节联欢晚会。《故乡的云》一曲轰动全国。这一下,台湾歌星来大陆演唱一发不可收拾,尤其是当红的文章于1990年在春节晚会上纵声高唱,引起岛内很大反响。台湾当局拟以违规处罚文章,岛内舆论普遍认为,"两岸人民既然可同场赛球,为什么不能同台歌唱?"台湾当局被迫于同年2月决定:"准予台湾演艺人员到大陆从事演出。"这样,苏芮、潘美辰以及张惠妹,甚至影星、模特林青霞、贾静雯、林志玲等也纷纷到大陆演出并大受欢迎。从文艺界开始的两岸交流很快推动了各界广泛的交往。

(4)青少年"夏令营"影响深远。全国台联从1984年起每年举办夏令营,很受海外台胞青少年的欢迎。夏令营从1988年起,重点吸引岛内青少年尤其是大学生。因为这些青少年没有成见,一到大陆参观祖国美丽山河、壮观的建设成就，很快地被吸引，喜欢大陆，而这一感受可以影响他们的一生。台联的活动开展从夏令营扩大到冬令营，规模上从几百人扩大到上千人。后来各部门、各省市看到台胞青少年夏令营很成功，纷纷效仿办起夏令营。每年成千上万名台胞青少年来祖国大陆参观、交流，很有成效。

（5）邀请客家乡亲来访。客家人占台湾人口的六分之一。他们的中华意识较强。在美、日、巴西等地的客家朋友穿针引线下，台联从1989年与台湾的"世界客家总会"联系上。同年9月邀请该会秘书长古胡玉美来京并受时任国家主席杨尚昆会见，第二年该会长林保仁出席亚运会。该会不断地组团来大陆参观访问。客家祖居地广东梅县于1994年第一次举办世界客家恳亲大会，该会新理事长陈子欣带300多人从台湾专程来访，与会人员达2000人。美、日、巴西等地的客家人几乎都是台联的老朋友。

（6）与台湾少数民族的交流有成效。台湾少数民族普遍存在经济地位、社会地位低的现象。台联从1987年起年年邀请台湾少数民族组团来参观并体会我们优越的民族政策，效果良好。1993年台湾少数民族34人，在台联安排下第一次参加在祖国大陆昆明举办的全国少数民族运动会，实现了全国56个民族的大团结，受到了全场的热烈欢迎。

3. 推动两岸双向交流，加深互相理解

（1）积极组织学术双向交流。1989年起全国台联与社科院、中国人民大学等联合接待台湾台北律师公会、台湾两岸关系交流基金会等，多次举办两岸法学研讨会。两岸法学界、律师界彼此熟悉起来后，台湾方面从1994年邀请大陆法学界、律师界进入台湾进行交流，实现双方交流。

1991年8月全国台联、社科院台湾研究所、全国台湾研究会共同在北京举办"海峡两岸关系研讨会"。与会学者来自岛内海外的有40多位、大陆的有80多位。这是两岸高层次、高规格的学者首次公开讨论两岸关系，台湾媒体派大批记者来报道，产生了广泛影响。此后每年举行一次"海峡两岸关系研讨会"，到2008年已举办了17届。1995年起，岛内亦纷纷邀请大陆学者入岛访问交流，形成学术双向交流。

（2）文化交流也实现了双向交流。全国台联于1990年、1994年、1996年三次邀请台北爱乐合唱团来北京、上海演出。他们合唱的《黄河大合唱》让大陆人民深受感动。他们亦通过台联1992年、1995年、1997年三次邀请中央乐团少年合唱团入岛演出，获得较大成功，让台湾民众感受到"血浓于水"的民族情结，这便成为双向交流的楷模。台联从1995年邀请台北小天使访问团来访并且与其主办单位台湾"中华企划人协会"协定，第二年由全国台湾派出大陆小天使艺术团访台演出并分住小天使家庭。之后，便形成轮流演出接待的惯例并年年执行，到2012年已有12届，增强了两岸少年儿童的深厚感情。

（3）组织在大陆的台湾老兵还乡回台湾。全国台联于1988年1月接待了第一个"台湾外乡人还乡探亲团"，其中20多个成员均是被国民党抓壮丁到台湾的大陆籍老兵。在台联组织的两岸老兵座谈会上，两岸老兵拥抱痛哭的情景震撼人心。台湾媒体及各界呼吁台湾当局，允许1947年国民党从台湾抓到大陆打内战的台湾籍老兵还乡。台联于1988年成立"台湾省籍老兵返乡探亲协议会"，进行多方呼吁。在舆论强大的压力下，台湾当局于1988年12月公布《允许现在大陆台籍前国民党军人返台定居案》。在大陆的台籍老兵陆续返台，截至1997年，台籍老兵及其家属返台定居的有1000多人。

（4）与岛内各政党接触。由于历史原因，全国台联从1991年起接待岛内各政党的来访。除民进党外，国民党主流派和非主流派于1993年4月来访，在台联安排下江泽民主席分别会见他们。还有朱高正的社民党、谢学贤的中国青年党、罗美文的劳动党以及新党等纷纷来访。台联在上级的指导下，对他们以礼相待，根据情况安排参观游览等。台联做到恰如其分，让他们很满意，有力地配合上级及有关部门工作。

30年来，全国台联及各级台联为开拓和推动两岸的交流交往而努力奋斗。早在1995年，时任国务院副总理钱其琛在全国台联第五次代表大会上说："全国台联为促进两岸各项交流，发展两岸关系，推进祖国的和平统一进程做了大量工作，发挥着巨大作用。"这对于全国台联及各级台联来说，是一个莫大的鼓舞、充分的肯定，我们深受感动，也深感欣慰。这说明台联会没有辜负党和政府的期望，很好地完成了自己承担的任务。

（原载于《台联通讯》2008年）

《台声》与我

——纪念《台声》杂志创刊 30 周年

    1985年3月，我当选为全国台联第二届理事会专职副会长，并兼任《台声》杂志第二任社长。当时，《台声》杂志已经在第一任社长郑坚等同人的努力下办了两年，初步形成了自己的风格，办出了一定的特点。之后，直到1995年卸任全国台联和《台声》杂志的职务，我前后共担任近10年的《台声》杂志社社长。

    我担任《台声》杂志社社长一职期间，在杂志已有的基础和风格上着重补充和加强两支队伍的建设。一是编辑队伍；二是作者队伍。

    在编辑队伍的建设上，除了把18位编辑分为两个编辑室隔月轮流编刊以外，主抓大政方针。因我当时刚从外事部门调任全国台联，对"涉台无小事"深有体会，作为台籍人士亦深感台湾问题复杂、敏感，必须谨慎，必须与中央对台方针保持高度一致。在每月例行的编辑会上，我借助在全国台联担任副会长分管联络、文宣、调研工作的优势，将所了解的最新对台政策及当前两岸形势，还有全国台联的工作向编辑们传达。20世纪80年代末期，东欧风云变幻，大陆亦出现各种思潮，但《台声》杂志始终保持冷静客观的视角向海内外台胞乡亲介绍大陆的发展变化。在我担任社长职务期间，经过杂志全体同人的共同努力，《台声》始终坚持正确的办刊方向，为维护党和国家以及人民的利益，尽了应尽的责任。时任中共中央对台工作领导小组研究组组长的耿文卿曾当面表扬《台声》同人。

　　《台声》是大陆创办最早的对台宣传刊物，许多研究台湾的学术机构、单位都很支持《台声》杂志的办刊。从《台声》杂志创刊时起，即有一种声音：《台声》是台湾人办给台湾人看的。但我始终认为，解决台湾问题是党和国家以及全体中国人民的共同任务，凡是关心台湾前途，关心两岸人民福祉，拥护祖国和平统一的人士，均欢迎其阅读和投稿。实际上，社科院台湾研究所、北京大学、厦门大学、北京联合大学等单位的台湾问题专家学者一直踊跃投稿，而且有求必应。其中李家泉、郭相枝、姜殿铭、李水旺、姚一平、王建民、徐博东等都是《台声》杂志的常客，这些专家学者的文章，为推动两岸的交流交往起到了积极作用。又如现任海协会副会长的王在希经常在两岸关系发生重大转折时给《台声》撰写文章。他于1992年预测，两岸关系会有重大突破，果然1993年4月即举行了"汪辜会谈"。这些学者以文会友，与台湾的学者也交上了朋友，增进了相互的了解，建立了深厚的友谊。记得当年青年学者辛旗应台湾政治大学邀请第一次赴台交流，回来后为《台声》撰写了一篇访台散记，文中说，他对台湾学者的热情款待深为感动。老台胞蔡子民、吴克泰、叶纪东、周青、何标等也经常为《台声》撰写文章。这些文章凝聚着对台胞乡亲的深厚感情，其对岛内时事的评论都颇具分量。

《台声》杂志是全国台联主管主办的刊物，对台联活动的全方位报道，也使杂志的内容更加丰富多彩。在我记忆中印象较深的有以下几个方面。

其一，介绍党和国家领导人如何关怀台湾同胞。1985年6月，全国台联举办"大陆与台湾学术研讨会"，时任党和国家领导人的邓小平、邓颖超、习仲勋、杨尚昆等在会议期间会见100多位与会的海内外专家学者。《台声》对这次研讨会进行了全面报道，引起了海内外台胞乡亲们的强烈反响。1986年10月，时任中共中央总书记的胡耀邦在会见来自岛内的台胞乡亲黄顺兴、张春男时表示，祖国统一时会重视台湾的爱国力量。1987年5月16日，时任中央军委主席邓小平会见台籍科学家李远哲、李政道时，对他们获得诺贝尔奖表示祝贺，并说道："我们都是立足于振兴中华民族，口号是'振兴中华'。不管怎样，我们都是一个根，但如果光是根深蒂固，不发扬光大，我们都是没有什么光彩的。我们人口这么多，地方这么大，要急起直追。"1987年9月，时任中央军委副主席杨尚昆在会见旅美台胞王桂荣时，重申更寄希望于台湾民众，并明确答复在国共谈判时会尊重台湾民众意愿。《台声》发表讲话全文，深受欢迎，也成为"独家报道"。

其二，反映台湾同胞的心声。《台声》作为民间刊物，在与中央保持高度一致的同时，要反映台湾民心，要有所放开，要有各种声音。全国台联每年邀请众多海内外台胞赴大陆参观访问，《台声》杂志的记者亦经常随团采访。1984年国庆节，200多位来自海内外的台胞乡亲在天安门观礼台被雄伟壮观的场面所震撼。一位来自美国的年轻女台胞兴奋地指着广场上拼出"祖国万岁"图案的方阵，高喊："谁说台湾人没有祖国，祖国就在这里！"这篇报道引起了诸多读者的强烈共鸣。夏令营、冬令营是全国台联的品牌活动，《台声》杂志的记者跟随这些来自岛内及海外的台胞青年进行全程采访。因两岸隔绝多年，彼此十分陌生，大陆同胞不了解台湾，台湾同胞更不了解大陆，而且有恐惧心态。怎样促进两岸相互了解，是一个新的课题。《台声》不是官方媒体，要有自己的风格，要有所"突破"。《台声》结合全国台联的工作，大量报道了关于岛内中国统一联盟、政治受难者互助会的活动和主张，同时也关注岛内"党外"和民进党的声音。1983年第2期即刊登岛内党外人士的来稿。其中写道："台湾有很多人并不满意国民党的统治，在某种意义上讲，国民党根本不能代表台湾民众。"这种文章在当时"国共合作"为主流的大陆媒体中是"异端"，但《台声》作为反映台湾同胞心声的杂志，及时、客观地反映了岛内民众的实际想法。当然，此后民进党在"台独"的路上越走越远，《台声》亦发表了多篇抨击文章，义正辞严地对其"台独"行径予以鞭挞。

其三，促进两岸间的相互了解。1992年8月，全国台联与社科院台研所、台湾研究会三家共同举办"两岸关系研讨会"，来自岛内、美国、日本、香港及大陆等地的专家学者120多人会聚一堂，共议两岸关系未来发展。《台声》将研讨会中不少针锋相对、尖锐辩论的内容，撰写出精彩报道，令不少读者赞赏《台声》杂志海纳百川的态度与风格。这个研讨会连续举办了近20年，与会的专家学者不仅在研讨中增强了共识，交流了友情，增强了友谊，更使得研讨会成为两岸交流的重要平台。此后每届研讨会，《台声》均参与其中，报道其发展变化及对两岸和平发展的重要影响。此外，《台声》还全程参与了全国台联协助中央电视台邀请费翔、文章、苏芮、潘美辰等台湾演艺人士参与春节联欢晚会的追踪报道，这些文章受到了两岸读者的热烈欢迎。而全国台联组织的两岸和平小天使互访活动、大陆少年合唱团赴台演出等活动的报道，也为《台声》杂志的内容增添了不少温情的色彩。《台声》还有很多栏目和文章都很精彩，如大陆老兵返乡探亲、大陆各地台商投资指南，以及大陆知名台籍人士如老台胞蔡啸、林丽韫、蔡子民、吴克泰、叶纪东及郑励志、李敏宽等，着重介绍他们在两岸关系及专业方面作出的突出贡献。这些都受到台胞乡亲们的肯定与欢迎。

随着两岸关系的发展，《台声》开始进入岛内。1992年9月，大陆记者团首次赴台时，《台声》杂志即派记者参加。当时，我看到两岸新闻交流正逐步走入正轨，便与岛内《新新闻》周刊社长周天瑞先生联系合作事宜，他早已了解《台声》，对合作的反应亦是一拍即合。1995年9月，《台声》总编辑魏秀堂与四位同人组团赴台采访。这亦是最早组团赴台大陆媒体之一。可以说，《台声》杂志在两岸交流中的地位也最早受到肯定。

我于1995年卸任，但仍然在力所能及的范围之内为《台声》贡献一己之力，以尽余热。明年，将是《台声》创刊30周年，经过30年的发展，《台声》杂志角色定位逐渐清晰，内容也更加丰富多彩。我殷切期望《台声》在两岸和平发展的大好形势下，更上一层楼，发挥更好的作用，做出更大的成就。

（原载于《台声》2012年2月刊）

图书在版编目（CIP）数据

政协委员文库.游子梦　两岸情 / 郭平坦著 . -- 北

京 : 中国文史出版社 , 2018.7

（政协委员文库）

ISBN 978-7-5205-0456-0

Ⅰ.①政… Ⅱ.①郭… Ⅲ.①政协委员—生平事迹—

中国②郭平坦—生平事迹 Ⅳ.① K820.7

中国版本图书馆 CIP 数据核字（2018）第 182348 号

责任编辑：梁玉梅

出版发行：	**中国文史出版社**	
社　　址：	北京市西城区太平桥大街 23 号	邮编：100811
电　　话：	010—66173572　66168268　66192736（发行部）	
传　　真：	010—66192703	
印　　装：	北京地大彩印有限公司	
经　　销：	全国新华书店	
开　　本：	787×1092　1/16	
印　　张：	15　　　插页：1	
字　　数：	234 千字	
版　　次：	2018 年 9 月北京第 1 版	
印　　次：	2018 年 9 月第 1 次印刷	
定　　价：	45.00 元	